高校英语教学中跨文化交际能力培养的策略研究

冷 宁 著

中国出版集团

中译出版社

图书在版编目（CIP）数据

　　高校英语教学中跨文化交际能力培养的策略研究 /
冷宁著. -- 北京 : 中译出版社, 2024.5
　　ISBN 978-7-5001-7897-2

　　Ⅰ.①高… Ⅱ.①冷… Ⅲ.①英语—教学研究—高等
学校 Ⅳ.①H319.3

中国国家版本馆CIP数据核字(2024)第101258号

高校英语教学中跨文化交际能力培养的策略研究
**GAOXIAO YINGYU JIAOXUEZHONG KUAWENHUA JIAOJI NENGLI
PEIYANG DE CELÜE YANJIU**

出版发行 / 中译出版社
地　　址 / 北京市西城区新街口外大街28号普天德胜大厦主楼4层
电　　话 /（010）68359827, 68359303（发行部）；68359287（编辑部）
邮　　编 / 100044
传　　真 /（010）68357870
电子邮箱 / book@ctph.com.cn
网　　址 / http://www.ctph.com.cn

策划编辑 / 于建军
责任编辑 / 于建军
封面设计 / 蓝　博

排　　版 / 雅　琪
印　　刷 / 廊坊市文峰档案印务有限公司
经　　销 / 新华书店

规　　格 / 710毫米×1000毫米　　　1/16
印　　张 / 12.75
字　　数 / 210千字
版　　次 / 2025年1月第1版
印　　次 / 2025年1月第1次

ISBN 978-7-5001-7897-2　　　　　　　　　　**定价：88.00元**

前　言

　　在当今全球化的社会环境中，英语作为一门国际通用语言，扮演着重要的桥梁角色，连接着各个文化背景的人们。高校英语教学作为培养学生跨文化交际能力的重要平台，既要关注语言技能的培养，更要注重学生对不同文化间相互理解的能力。本书旨在深入探讨高校英语教学中跨文化交际能力的培养策略，为教育者提供实用的理念和方法，以应对日益多元化的社会需求。

　　首先，本书将审视跨文化交际能力的概念及其在全球化时代的重要性。我们将剖析不同文化之间的交流挑战，并强调培养学生能够在多元文化环境中融洽沟通的迫切需要。通过全面了解跨文化交际能力的内涵，教育者可以更好地引导学生在跨文化交往中展现灵活性和适应性。

　　其次，本书将探讨在高校英语教学中如何培养学生的跨文化意识和知识。通过创新的教学策略和实践活动设计，我们将讨论如何激发学生对其他文化的兴趣，提高他们的文化敏感性。这包括对跨文化意识的培养方法、跨文化知识的教学策略以及跨文化对比与对话的实际操作。

　　在语言能力方面，本书将关注如何在高校英语教学中提升学生的语言表达、听力理解、口语交际、阅读和写作能力，强调以跨文化视角贯穿整个语言教学过程。我们将提供实用的教学策略和活动设计，帮助学生更好地理解和运用英语，同时注重跨文化背景下的语言使用规范。

　　非语言交际能力也是跨文化交际的关键组成部分，因此本书将深入研究在高校英语教学中如何培养学生的身体语言、社交礼仪和文化习惯。通过模拟训练和实际活动，我们将探讨如何使学生更加自如地在不同文化环境中进行非语言交际，避免跨文化交际中可能出现的误解和冲突。

　　教材与教具的优化与创新是实现高效英语教学的关键环节，因此，本书将介绍如何开发跨文化交际教材，借助多媒体和互联网资源进行创新教学，以及游戏化教学在跨文化交际能力培养中的应用。通过这些手段，我们将为教育者提供丰富多样的教学工具，激发学生学习的兴趣和积极性。

　　教师在跨文化交际能力培养中扮演着重要的角色，因此本书将深入讨论教师在这一过程中的角色与素养要求。教师培训与教学团队建设将作为关键策略，通过跨学科合作和专业发展，提升整体教学团队的水平，从而更好地满足学生跨文化交际能力的培养需求。

　　最后，本书将介绍跨文化交际能力的评价指标体系，并提出教学实践的效果评估与分析方法。通过不断地反思与改进，我们将共同探讨提升跨文化交际能力培养的路径与策略，为高校英语教学实践提供有益的思考和实用的指导。

　　通过这本书的探讨，我们希望为高校英语教学提供一系列全面而实用的跨文化交际能力培养策略，使学生能够更好地适应并融入全球化的社会环境。同时，我们期待这些策略能够激发更多的教育者参与到跨文化交际能力培养的实践中，为培养具有国际视野和全球竞争力的人才贡献力量。

作者
2024.1

目　录

第一章

导论

第一节 研究背景和意义

一、高校英语教学的现状及全球化趋势

高校英语教学的现状及全球化趋势是毋庸置疑的，全球化已成为时代的一大显著特征，对人类生活和发展的影响是全方位的，人才培养也不例外。正如学者赖特 S（Wright S）所指出："由于全球化，不同语言集团之间的接触日益增多"（Wright S，2004）。英语作为国际交流的主导语言，其在全球范围内的重要性愈发凸显，被全世界 85% 的国际组织作为官方语言[1]。

李察兹（Richards）也曾强调："在世界范围内，用英语撰写和发表的有关科学、商业等的文章占据了绝大部分"（Richards，2001）。英语的重要性不仅体现在国际组织中，更在科技、商业等领域占据主导地位。在全球化的背景下，英语成为提高国际竞争力的关键素养之一[2]。

近年来，我国在全球化时代加大对英语教育的关注。加入世界贸易组织后，中国明确了英语教育的重要地位，成为每个 21 世纪公民所必备的基本素养之一。在这个背景下，我国逐渐认识到仅仅拥有语言沟通能力是远远不够的，还必须了解和掌握不同国家和地区的独特文化背景知识。

作为国家形象的代表者，我国公民在对外交流中需不仅具备语言沟通能力，还要深刻理解和欣赏不同文化背景。然而，当前我国部分公民在对外交流中由

1　龚亚夫.英语教育新论：多元目标英语课程 [M]. 高等教育出版社 .2015：13.
2　陈桂琴 . 大学英语跨文化教学中的问题与对策 [D]. 上海外国语大学，2014.

于跨文化交际意识淡薄，导致不同程度的文化误解甚至文化冲突事件。因此，中国作为负责任大国，迫切需要加速培养适应国际社会发展的跨文化交际型人才，他们不仅能在全球事务中开展有效交流，还能更好地传递中国的声音。这使得英语教育的目的从过去的单向学习转变为现时的双向学习，更加注重中西两国的语言和文化的交流。

在全球化趋势下，中国在国际舞台上的影响力日益凸显，而国际交流活动正是一种跨文化交际的实践。为适应这一新时代的需求，我国需要培养更多具备跨文化交际能力的人才，使他们能够在全球范围内与不同文化背景的人进行开放、得体、有效的交流。这不仅需要具备高水平的英语运用能力，更需要深刻理解和尊重不同文化之间的差异。

二、研究对高校英语教学的启示与推动作用

（一）引导高校英语教学朝向全球化发展

研究跨文化交际能力培养策略对于提升学生的个体能力和引领高校英语教学整体走向全球化具有重要意义。全球化背景下，英语作为国际交流的主导语言，高校英语教学不仅需要关注语言本身的学习，更需要注重培养学生具备应对不同文化背景的跨文化交际能力。

第一，研究跨文化交际能力的培养策略有助于提升学生的个体能力。跨文化交际能力不仅仅是语言能力的延伸，更涉及对不同文化背景的敏感性、理解力和应对能力。通过深入研究，可以明确在高校英语教学中，如何更有针对性地培养学生的跨文化意识、跨文化知识和跨文化技能。这将使学生在实际交流中更具自信，能够更好地理解和适应不同文化环境，提高其在国际舞台上的竞争力。

第二，研究跨文化交际能力培养策略有助于引领高校英语教学走向更具国际竞争力的方向。全球化要求高校毕业生具备更广泛的国际视野和跨文化交际能力。通过深刻理解和把握国际社会的多元文化，高校英语教学可以更好地满足学生的实际需求。培养学生具备国际化思维和能力，使他们在国际事务中能够更加灵活、高效地展现自己，从而在国际竞争中占得一席之地。

研究还可以推动高校英语教学在内容和方法上进行创新。通过深入了解国际交流中的实际需求和挑战，教师可以更有针对性地设计教学内容，引入更多

涉及不同文化背景的语言材料。同时，教学方法也可以更加注重培养学生的实际应用能力，例如通过模拟跨文化交际场景，进行实际的语言运用和沟通训练。这样的教学创新将有助于提高学生的综合素养，使其更好地适应全球化社会环境的复杂性和多样性。

（二）促进高校英语课程创新

深入研究跨文化交际对于高校英语课程的创新具有深远的意义。这一研究可以为构建更为丰富和灵活的英语课程提供有力的理论支持，并有助于突破传统的语法词汇教学框架，使其更贴近学生的实际需求。

一方面，深入研究跨文化交际能力的培养策略为课程创新提供了新的思路。传统的英语课程往往以语法和词汇为主，忽视了学生在实际交际中所需的跨文化意识和技能。通过深入研究跨文化交际，我们可以更全面地了解学生在国际交往中可能面临的文化差异和沟通挑战。基于这样的认识，英语课程可以更有针对性地引入相关内容，培养学生的跨文化敏感性和应对能力，使其在实际生活和职业场景中更加游刃有余。

另一方面，跨文化交际的深入研究有助于打破英语课程的传统框架。传统课程以语法和词汇为主，往往过于注重语言形式而忽视了语言背后的文化内涵。通过深入研究跨文化交际，可以引入更多关于不同文化背景的语言材料，丰富课程内容。例如，可以通过文学作品、影视片段、跨文化案例等方式，让学生更深入地了解不同国家和地区的语境和文化背景。这种跨学科的教学方法将有助于提高学生的综合素养，使其在语言运用中更富有深度和广度。

同时，深入研究跨文化交际为英语课程提供了更为灵活的教学手段。传统的教学方法往往偏向于教师主导，而深入研究跨文化交际可以倡导更为互动和合作的教学模式。通过引入实际的跨文化交际活动，如模拟跨文化场景、小组讨论、实地考察等，学生能够在实践中运用所学知识，提高语言运用的实际效果。这样的教学手段不仅使学生更为积极主动地参与学习，也更符合全球化时代对于学生实际能力的需求。

第二节　研究目的和问题

一、确定研究的总体目标

（一）整合跨文化交际理论与实践

研究的总体目标旨在通过整合跨文化交际理论与实践，构建高校英语教学中跨文化交际能力培养的理论体系，为实际教学提供指导和支持。这一研究旨在深入理解跨文化交际的复杂性，并将理论知识与实践经验相结合，以推动高校英语教学朝着更具创新性和适应性的方向发展。

首先，通过深入挖掘跨文化交际理论，我们可以明确跨文化交际能力的多维构成。理论研究有助于揭示跨文化交际涉及的不仅是语言能力，还包括对不同文化背景的敏感性、理解力以及在实际交际中应对文化差异的能力。理论体系的构建可以系统梳理这些要素之间的关系，为实际教学提供清晰的目标和方向。

其次，理论的整合需要与实际教学经验相结合，通过教学实践验证理论的有效性。从理论到实践的过程中，我们能够更全面地了解学生在跨文化交际中面临的具体挑战，并及时调整教学方法和内容。这种理论与实践的结合有助于增强教学的可操作性，使其更符合学生的实际需求。

进一步地，通过理论与实践的整合，我们可以明确跨文化交际能力培养的评价指标。通过深入了解学生的实际表现，我们能够建立起一套科学有效的评价体系，以全面评估学生的跨文化交际能力。这为教师提供了在教学中更具针对性和目标导向的评估工具，有助于更好地引导学生的学习方向。

最后，通过整合跨文化交际理论与实践，我们能够为高校英语教学构建出更为系统和完善的跨文化交际能力培养体系。这一体系将为教师提供更具指导性的教学框架，帮助他们更好地组织和设计教学内容。同时，也将为学生提供更有深度和广度的学习体验，使他们在全球化时代更为出色地应对跨文化交际的挑战。整合跨文化交际理论与实践的研究成果不仅具有理论上的启示，更为

实际教学提供了有益的指导和支持。

（二）探索高校英语教学中的最佳实践

通过对国内外相关研究的综述以及对实际案例的深入分析，我们可以探索出最适合高校英语教学的跨文化交际能力培养实践。在国内外众多的研究中，涌现出一系列旨在促进学生跨文化交际能力发展的创新性实践，这些实践为高校英语教学提供了有益的经验和启示。

其一，跨文化意识的培养被认为是培养跨文化交际能力的重要起点。在实际案例中，一些高校采用国际化的教育理念，通过引入跨文化教育元素，提高学生对于多元文化的认识。例如，通过在英语课程中引入国际文化背景的文学作品、历史事件等，激发学生对于不同文化的兴趣和好奇心，从而培养他们的跨文化意识。

其二，通过跨文化知识的教学策略，学生能够更全面地了解不同文化的特点和习惯。在高校英语教学中，一些最佳实践包括引入实地考察、文化交流活动等形式，使学生能够近距离感受和了解目标文化。这种实践不仅拓宽了学生的视野，更使他们能够将学到的知识运用于实际生活，增强对不同文化的理解和尊重。

提升语言能力是跨文化交际能力培养的关键环节。一些高校通过创新教学方法，如多媒体和互联网资源的应用、游戏化教学等，激发学生学习英语的兴趣。在实际案例中，通过模拟跨文化场景的角色扮演、语言对话的实践活动，有效提高了学生的语言表达能力和交际技巧。这种实践不仅使学生能够在有趣的学习氛围中提升语言水平，同时也为他们更好地适应跨文化交际的语言环境打下坚实基础。

其三，跨文化非语言交际能力的培养也成为高校英语教学的重要方向。在实际案例中，一些高校采用身体语言与肢体动作的文化差异培养、社交礼仪和文化习惯的教学策略，通过模拟训练和实际活动，帮助学生更好地理解和运用非语言交际的规范，提升其在跨文化交际中的自信和效果。

其四，高校英语教学中教材与教具的优化与创新也是最佳实践的关键。通过引入专门设计的跨文化交际教材，结合多媒体和互联网资源，教师可以更有针对性地传递文化信息，提供真实的语言环境。游戏化教学作为一种创新手段，能够激发学生的兴趣，促使其更积极主动地参与到跨文化交际的学习过程中。

在高校英语教学中，教师的角色和师资队伍建设同样至关重要。跨文化交际能力培养需要教师具备丰富的跨文化知识和教学经验。通过跨学科合作和教师培训，高校可以进一步提升教师的专业水平，推动跨文化交际教学在高校的深入发展。

二、提出研究中需要解决的关键问题

（一）跨文化交际能力培养的核心要素是什么？

跨文化交际能力培养涉及多个核心要素，其中知识、技能和态度是高校英语教学中的三个重要组成部分。

第一，跨文化交际能力培养的核心之一是跨文化知识。这包括对不同文化的历史、价值观、社会习惯等方面的深入了解。学生需要具备对于多元文化的敏感性，能够认知并尊重不同文化的独特性。通过学习文学作品、历史事件、文化传统等，学生可以建立起对于各种文化的基本认知，为跨文化交际提供理论基础。

第二，跨文化交际技能是培养能力的另一核心要素。这包括语言表达能力、跨文化沟通技巧、解决文化冲突的能力等。在高校英语教学中，教师可以通过模拟跨文化场景的角色扮演、实际的跨文化对话活动等方式，提高学生在真实交际环境中的语言运用能力。同时，培养学生的跨文化沟通技巧，使其能够在不同文化背景下进行有效地交流，理解并应对潜在的文化差异。

第三，态度也是跨文化交际能力培养的重要方面。学生需要培养开放、尊重、包容的跨文化态度，愿意主动接触和融入不同文化环境。教育环境应该鼓励学生保持好奇心和开放心态，能够主动了解和接纳新的文化观念。通过对实际案例的深入分析，可以发现一些成功的跨文化交际能力培养项目注重培养学生的文化智慧，使其能够在不同文化环境中保持积极、灵活的心态。

（二）如何有效整合跨文化交际元素到英语课程中？

在英语课程中有机地整合跨文化交际元素是为了促使学生在语言学习的过程中更好地理解和适应不同文化环境。有效整合这些元素需要综合运用多种教学策略，以提高学生的跨文化交际能力。

首先，引入跨文化文学作品是一种有效的手段。通过文学作品，学生可以

深入了解作者所处的文化环境，体验不同文化的独特魅力。教师可以选择具有代表性的文学作品，如小说、诗歌或戏剧，以激发学生对于文学艺术和文化背景的兴趣。通过文学作品，学生能够感受到语言与文化的紧密联系，培养对于多元文化的认知。

其次，实践活动是促进跨文化交际的关键。组织学生参与文化交流活动、模拟跨文化场景的角色扮演等，可以使学生在真实的语境中应用所学语言，同时体验不同文化之间的交流挑战。这种实践性学习有助于学生更全面地理解和适应跨文化环境，提高他们在实际交际中的文化敏感度和交际技巧。

引入多元文化教学资源也是必不可少的。利用多媒体、互联网等资源，教师可以呈现不同国家、不同文化的音乐、影视、新闻报道等，为学生提供丰富的文化素材。通过多元文化资源的引入，学生可以在课堂中体验到多样化的文化表达形式，从而加深对于不同文化的了解。

再者，注重语境教学也是一项重要策略。通过设计真实的语境，如商务谈判、旅游交流等，教师可以帮助学生在实际场景中运用所学语言，同时更好地理解和适应文化差异。语境教学使学生能够在实际情境中感知文化背景，培养他们的语言实际运用能力。

最后，鼓励学生主动参与跨文化研究项目，通过小组合作或独立研究的方式深入研究特定文化现象或问题。这种自主学习方式可以培养学生的独立思考和研究能力，使他们更深入地了解和感受目标文化。

（三）如何评价学生的跨文化交际能力？

评价学生的跨文化交际能力需要建立一个全面而有效的评价指标体系。这个指标体系应该能够准确反映学生在语言、文化意识、交际技能以及跨文化适应能力等方面的水平，同时为教学实践提供有针对性的反馈，推动学生的跨文化交际能力发展。

其一，语言能力是评价指标体系的核心之一。这包括学生的语法、词汇运用能力以及语言表达的清晰度。通过考察学生在跨文化环境中的语言运用情况，可以判断其是否能够流利地进行跨文化交际，避免语言障碍对交流的干扰。

其二，文化意识是评价跨文化交际能力的重要组成部分。学生是否能够理解和尊重不同文化的价值观、礼仪习惯等，以及是否能够在跨文化交际中展现文化敏感性都是需要考察的方面。评价体系应该能够反映学生对多元文化的认

知程度，以及其对文化差异的理解程度。

其三，交际技能也是一个关键的评价要素。这包括学生的口头表达能力、听力理解能力、书写表达能力等。通过模拟跨文化交际场景、实际交际活动等方式，可以全面地评估学生在交际过程中的表现，从而判断其在实际应用中的交际技能水平。

其四，跨文化适应能力同样是评价体系的重要方面。学生是否能够适应并灵活处理不同文化环境下的情境，是否能够积极主动地融入不同文化群体，以及是否能够应对文化冲突等，都是需要考虑的因素。评价指标体系应该全面考查学生在跨文化环境中的适应和应对能力，以更全面地了解其跨文化交际能力的发展情况。

综合评价是评价体系的重要一环。综合评价不仅包括以上所述的各个方面，还需要考虑学生在整个跨文化学习过程中的整体表现。这包括学生的学习态度、独立思考能力、团队协作能力等方面的发展。通过全面综合评价，可以更准确地反映学生的跨文化交际综合素养。

三、阐明研究的范围和限制

（一）研究的时间范围

研究的时间范围将聚焦在过去五年内的相关研究和实践案例，以全面反映当前高校英语教学的最新发展。在这个时间框架内，高校英语教学经历了多方面的变革和创新，尤其是在跨文化交际能力培养方面。近年来，全球化的推动下，高校对学生跨文化交际能力的需求日益增加，引起了广泛的关注和研究。

在过去几年里，研究者们纷纷关注跨文化交际教育的理论和实践，以寻求更加有效的教学策略和方法。通过文献综述和案例分析，研究者们尝试总结出最佳实践，为高校英语教学提供更为有力的指导。此外，随着技术的不断发展，多媒体教学、在线资源的应用等也成为研究的热点，为跨文化交际能力培养提供了新的教学工具和途径。

研究时间范围内，高校英语教学在教材和教具方面进行了创新和优化。教育者们努力研发更适应跨文化交际需求的教材，借助多媒体和互联网资源，为学生提供更加真实、多样化的语境。同时，游戏化教学的应用也在高校英语教学中逐渐崭露头角，为培养学生的跨文化交际技能带来了新的可能性。

在过去的几年中，教师角色和师资队伍建设也成为高校英语教学研究的关键方向。研究者们关注教师在跨文化交际能力培养中的具体作用和素养要求，提出了一系列相关的策略和建议。同时，为适应新时代的需求，高校英语师资队伍的专业发展和跨学科合作也受到越来越多地关注。

在评价体系方面，研究者们致力于构建更为科学、全面的跨文化交际能力评价指标体系。这不仅包括语言能力、文化意识、交际技能等方面的评估，还注重综合素养的考察。这一方面为学生提供了更准确的反馈，另一方面也推动了高校英语教学的质量提升。

（二）研究的对象范围

本研究的对象范围着眼于多个层面，旨在更为精准地探讨高校英语教学中跨文化交际能力培养的策略和效果。

首先，研究将关注特定高校的英语教学实践，通过深入挖掘某些高校在跨文化交际能力培养方面的经验和案例，以总结并分析成功的教学模式、策略和创新。这有助于为其他高校提供可借鉴的经验，推动英语教学质量的提高。

其次，本研究将特别聚焦于特定英语课程的设计与实施。通过选取某些具有代表性的英语课程作为研究对象，深入分析课程的教学目标、内容设置以及采用的教学方法，以探讨这些课程在跨文化交际能力培养方面的优势和亮点。通过对课程的深入研究，将为其他英语课程的设计提供有益的启示。

最后，本研究还将关注特定学生群体，以更全面地了解不同学生在跨文化交际能力培养中的特殊需求和挑战。例如，可以选择关注非英语专业学生、国际交流生或特殊背景学生等特定群体，以深入研究他们在英语学习中所面临的跨文化交际问题，并提出相应的培养策略。

（三）研究的方法和途径

本研究将采用多重方法和途径，以全面深入地探讨高校英语教学中跨文化交际能力培养的策略和效果。

首先，将进行文献综述，系统梳理过去五年内国内外关于高校英语教学和跨文化交际能力培养的相关研究成果。通过对学术论文、研究报告以及教育期刊中的相关文献进行归纳总结，将全面了解目前领域内的研究热点、问题和进展。

其次，研究将借助案例分析方法，选取一定数量的高校和英语课程作为研

究对象，深入挖掘其在跨文化交际能力培养方面的成功经验和创新做法。通过深入访谈教师、收集教学材料、观察教学过程等手段，将揭示出不同高校和课程之间的差异，为构建更为具体有效的培养策略提供实证支持。

同时，本研究将采用实地观察的方法，深入到特定高校的英语教学现场，观察教师的教学方法、学生的学习状态，以获取更直观的数据和信息。通过实地观察，研究者能够更深刻地理解教学过程中可能涉及的问题和挑战，为提出实际可行的改进建议提供实际依据。

在方法上，本研究将结合定性和定量研究方法。定性方法将用于深入挖掘个别案例、了解教学现场的细节和教师、学生的观点。同时，定量方法将通过问卷调查等手段，收集大量数据，以验证定性研究的结论，提高研究的可信度和普适性。

最后，为了更全面地了解学生在跨文化交际能力培养中的感受和认知，本研究还将通过教学实践，开展一系列实验性的课程设计和教学活动。通过收集学生的反馈和表现数据，将为研究提供更为直接和实用的信息。

第三节　研究方法和数据来源

一、采用定性或定量研究方法的选择与理由

（一）选择定性研究方法的原因

定性研究方法被选用的原因在于其能够提供深入洞察和全面理解学生在实际交际中的感知、反应和学习效果，为跨文化交际能力培养过程提供更为细致入微的揭示。

其一，深度访谈作为定性研究的核心手段，将允许研究者与学生建立深层次的沟通，了解他们对跨文化交际的理解、体验和需求。通过开放性的访谈方式，能够引导学生自由表达，捕捉到他们在实际交际中所关注、感受到的文化差异和挑战，为跨文化交际能力培养的关键问题提供翔实的数据。

其二，通过案例分析这一定研究方法，研究者可以选择特定的高校、英语课程或学生群体作为研究对象，深入挖掘其成功经验和教学创新。通过详细地

解剖具体案例，可以获取到丰富的信息，包括教学策略的设计、实施效果以及学生在其中的反应。这有助于在具体实践中总结成功经验，为其他高校提供可借鉴的教学模式和策略。

其三，定性研究方法还将通过实地观察的途径，深入到特定高校的英语教学现场，全面了解教师的教学方法、学生的学习状态以及课堂中可能出现的问题。通过细致入微地观察，研究者能够捕捉到教学过程中的细节和变化，为后续的分析提供具体的实证材料。

（二）选择定量研究方法的原因

定量研究方法的选择源于其在获取大量数据、进行横向比较和统计分析方面的优势，能够为跨文化交际能力培养的效果提供量化的评估，为实际教学提供可操作性的建议。

其一，通过问卷调查，研究者可以广泛收集学生对跨文化交际培养的态度、意识和体验等信息。问卷设计可以覆盖多个方面，如课程满意度、学生参与度、文化认知水平等，从而全面了解学生在培养过程中的整体感受。通过量化的数据分析，研究者能够揭示学生普遍的认知水平和培养效果，为不同学生群体的需求提供客观的参考。

其二，借助学科测试等定量手段，研究者可以客观测量学生在语言能力、文化知识等方面的水平。通过对学生知识、技能的具体测量，可以获得更为精确的数据，有助于准确评估跨文化交际能力培养的成效。同时，这种定量测量方法也便于与其他学科领域进行横向比较，揭示不同层次、背景的学生在跨文化交际能力上的差异，为差异化教学提供依据。

其三，定量研究方法具有较强的可操作性，能够对大规模的样本进行研究，使研究结果更具普适性。通过统计分析，研究者可以发现潜在的规律和趋势，为高校英语教学中跨文化交际能力培养提供系统性的建议。这种量化的方法有助于在更广泛的范围内验证和推广培养策略，提高研究的普适性和可操作性。

二、调查、实地观察和文献综述的结合运用

（一）调查的重要性

调查在研究中的重要性不可忽视，它通过获取师生、教育管理者的意见和

反馈，深入了解实际教学中的问题和需求，为研究提供实际的参考依据。

首先，调查可以直接收集到参与教育过程的关键利益相关者的看法和体验。教师作为教学的主要执行者，学生则是教学活动的直接接受者，而教育管理者则对教学机构的整体运行有深刻了解。通过他们的参与，调查能够捕捉到真实、直观的信息，揭示实际教学中存在的问题、亮点和潜在的改进空间。这样的信息是理论研究难以获取的，有助于研究更贴近实际、切实可行。

其次，调查能够提供多视角的数据，促使研究者深入了解不同参与者的需求和期望。教育是一个多元化的系统，涉及不同层次和角色的参与。通过对多个群体的调查，研究者能够获取到各方面的反馈，全面了解他们的期望、痛点和亟待解决的问题。这有助于形成更全面、综合的认知，为研究提供更有深度的数据支持。

最后，调查还能够实现实时性和及时性的反馈，帮助研究者及时调整研究方向和策略。在教学实践中，问题和需求可能随着时间和环境的变化而不断演变。通过定期的调查，研究者能够捕捉到这些变化，及时调整研究方向，确保研究的实用性和前瞻性。

（二）实地观察的价值

实地观察在研究中的价值不可忽视，它通过深入到教学现场，观察学生在实际课堂中的表现，收集真实的教学数据，为理论研究提供了实际案例支持。

首先，实地观察能够提供生动、具体的教学场景，使研究者更加深入地理解教学过程中的细节和特点。通过亲身参与或近距离观察教学活动，研究者能够感知到学生的实际反应、互动情况，捕捉到课堂氛围和教学氛围中的细微变化。这有助于研究者全面、真实地把握跨文化交际能力培养的实际情况，提高研究的深度和逼真度。

其次，实地观察为研究者提供了大量的原始数据，这些数据具有高度的实证性和可信度。通过观察学生在课堂中的语言运用、文化意识表现等方面的实际情况，研究者能够直接获取到学生的实际水平和学习成效。这种实证性的数据有助于验证研究中的理论假设，为理论研究提供坚实的实践基础。

最后，实地观察还能够捕捉到教学过程中的交际细节和隐含的文化因素。通过观察师生之间的互动、语言交流，研究者可以发现一些非语言层面的文化差异，了解文化在实际交际中的体现。这有助于揭示跨文化交际能力培养中的

一些潜在问题和挑战，为教学提供更有针对性地改进方向。

（三）文献综述的角色

文献综述在研究中扮演着至关重要的角色，通过广泛的文献综述，研究者能够深入了解国内外相关研究的进展和成果，形成对跨文化交际能力培养的全面认识，为研究提供理论框架。

其一，文献综述使研究者能够了解已有研究的主要观点、方法和结论。通过系统地梳理已有文献，研究者能够获取到国内外学者在跨文化交际能力培养领域的研究成果，了解不同研究观点的异同，深入把握学术界对于这一领域的共识和争议。这为研究提供了一个扎实的理论基础，有助于研究者明确研究的问题、目标和方法。

其二，文献综述能够帮助研究者定位自己的研究在学术领域中的位置。通过了解前人的研究动态，研究者能够确定自己的研究问题是否具有前瞻性，是否能够填补已有研究的空白。这有助于研究者更好地选择研究方向，确保研究的独特性和创新性。

其三，文献综述还有助于研究者在研究设计和方法选择上做出明智的决策。通过总结前人的研究方法，研究者能够了解各种研究方法的优缺点，选择最适合自己研究目的的方法。这有助于提高研究的科学性和可信度。

三、数据分析和解释的方法

（一）定性数据的分析方法

在跨文化交际能力培养研究中，采用定性数据分析方法是为了深入挖掘学生在跨文化交际中的感知、体验和学习成果，从而形成具有深度的研究结论。其中，主题分析和情境分析是两种常用的定性数据分析方法。

主题分析是通过对文本数据进行系统的分类、整理和解释，以识别其中的主题和模式。在研究中，主题分析可以用于挖掘学生在跨文化交际中的主要感知和体验。通过对学生的言谈、写作、反馈等文本数据进行归纳和整理，研究者可以识别出一系列与跨文化交际相关的主题，如文化差异感知、语言障碍体验、跨文化沟通技巧学习等。这有助于揭示学生在实际交际中的主要关切和学习过程，为深入理解跨文化交际能力培养提供翔实的数据支持。

　　情境分析则强调对学生在具体情境下的表现进行深入观察和解释。研究者通过收集和分析学生在实际跨文化交际情境中的行为、言语和非言语表现，探究他们在特定文化环境下的适应性和交际效果。这种分析方法能够帮助研究者更好地理解学生在实践中如何运用所学的跨文化交际能力，从而为培养实用性强、适应性好的能力提供具体案例支持。

　　通过采用主题分析和情境分析等定性数据分析方法，研究者能够深入挖掘学生在跨文化交际中的感知、体验和学习成果，形成对于跨文化交际能力培养的深刻理解。这种深度的研究结论不仅能够为理论研究提供更为丰富和具体的数据支持，同时也为实际教学提供有针对性地改进建议，推动高校英语教学向更具跨文化竞争力的方向发展。

（二）定量数据的统计分析方法

　　在研究中，采用统计软件进行数据处理是为了对定量数据进行分析和解释，通过图表、统计指标等方式量化跨文化交际能力培养的影响因素。统计分析方法的运用有助于深入理解数据背后的模式和规律，为研究提供客观、可验证的结论。

　　首先，统计软件的使用提供了对大量数据进行系统整理和归纳的便捷途径。通过统计软件，研究者可以对收集到的大规模定量数据进行清理、分类和汇总，从而更好地理解数据的基本特征和分布情况。这有助于确保研究的数据质量和可信度，为后续的分析奠定基础。

　　其次，采用图表和统计指标的方式展示数据结果，使得研究者能够直观地了解不同变量之间的关系和趋势。绘制图表，如散点图、柱状图、折线图等，有助于呈现数据的可视化，使得复杂的数据模式一目了然。同时，通过计算统计指标，如均值、标准差、相关系数等，研究者可以更全面地分析数据，提取有关跨文化交际能力培养的关键信息。

　　最后，也是最重要的一点，即统计分析方法使得研究者能够进行横向比较和纵向分析，从而深入挖掘影响跨文化交际能力培养的各种因素。通过对不同群体、不同教学方法或不同文化背景的数据进行比较，研究者能够识别出具有显著差异的变量，为进一步探讨培养策略和效果提供科学依据。

第二章

跨文化交际能力的概念和重要性

第一节　跨文化交际能力的定义和内涵

一、跨文化交际能力的基本概念

（一）跨文化交际能力的定义

跨文化交际能力是指在面对不同文化背景、语境和社会习惯的情境中，个体能够有效地进行信息传递、理解、反馈以及解决问题的能力。这一概念着重于在多元文化交往中，交际过程的复杂性，强调个体需要具备适应不同文化环境的能力，以确保信息在跨文化环境中的流畅和有效传递。

在跨文化交际的背景下，个体需克服文化差异所带来的沟通障碍，具备灵活性和适应性，以确保在跨越不同文化界限时能够保持高效的沟通。这包括了个体在交流中需要考虑的多个层面，涉及语言、行为、价值观等方面。具体而言，语言能力是跨文化交际的基石，不仅仅要求熟练掌握语法和词汇，还需要理解语言背后的文化内涵，以避免因为文化差异而引起的误解和沟通障碍。

文化敏感性是跨文化交际能力的基础，强调个体对不同文化的尊重、理解和接纳。这意味着个体需要超越刻板印象和偏见，以更加开放和包容的态度参与跨文化交流。避免对他人形成刻板印象和偏见，积极意识到文化差异，有助于建立互信关系，减少误解和冲突，为有效地跨文化交流创造良好的基础。

此外，深入了解不同文化的历史、价值观、信仰体系等方面的知识被视为

培养跨文化交际能力的关键。通过积累文化知识，个体能够更好地理解他人行为背后的文化逻辑，从而更加有效地进行跨文化交流。这种文化知识的应用不仅仅停留在了解阶段，更需要将其运用于实际交际中，以理解他人的行为和言行，避免产生文化误解。

在跨文化交际能力的要素中，沟通技巧是确保信息传递顺畅的关键因素。这包括非语言交际的灵活运用、表达方式的调整以符合当地沟通规范，以及在不同场合中适应不同沟通规范的能力。良好的跨文化交际需要个体能够灵活运用这些技巧，以更好地适应和应对复杂的跨文化情境。

（二）跨文化交际能力的核心

跨文化交际能力的核心在于个体在跨文化环境中展现出的适应性和灵活性。适应性体现在个体对文化差异的敏感性上，其需要超越自身文化框架，认识并尊重不同文化的独特性。这种敏感性是构建有效跨文化交际的基础，使个体能够在跨越不同文化背景的情境中保持开放的态度，避免刻板印象和偏见的干扰。

语言的熟练运用是跨文化交际能力的重要组成部分。不仅仅需要个体精通语法和词汇，更要求其理解语言背后的文化内涵。在跨文化环境中，语言不仅是信息传递的媒介，更是文化认同和价值观的表达方式。因此，个体需要具备对语言的敏感性，以避免由于语言误解而引发的交流障碍。

深入的文化知识是培养跨文化交际能力的关键。了解不同文化的历史、价值观、信仰体系等方面的知识，有助于个体更全面、深刻地理解他人的文化背景。这种知识的积累不仅拓宽了个体的视野，更使其能够辨别和理解文化差异带来的潜在挑战，为建立有效的跨文化沟通提供了基础。

灵活的沟通技巧是跨文化交际中不可或缺的要素。这包括非语言交际的灵活运用，对不同文化中的非语言信号的解读，以更全面地理解对方的意图和情感。同时，个体还需要调整表达方式，适应当地的沟通规范，包括语气、礼仪和表达方式的选择。适应不同场合的沟通规范，能够在跨文化交际中有效地传递信息，建立起互信关系。

二、跨文化交际能力的核心要素和特征

跨文化交际能力的核心要素和特征相互交织，构成了一个完整的能力框架。文化敏感性作为基础，奠定了个体在跨文化环境中的态度和心态；语言能力作

为媒介，确保信息准确传递；文化知识深化了对他人行为的理解，促使文化逻辑的应用；而沟通技巧则是在不同文化中灵活应对的关键。这些要素相互支持，共同推动个体在跨文化交际中的成功。跨文化交际能力的核心要素和特征架构图如图 2-1 所示。

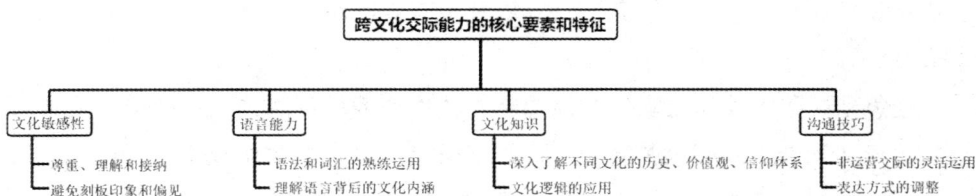

图 2-1　跨文化交际能力的核心要素和特征架构图

（一）文化敏感性

1.尊重、理解和接纳

文化敏感性作为跨文化交际能力的基石，突显了个体在跨越不同文化背景的情境中所需具备的尊重、理解和接纳的关键素养。这一能力要求个体超越表面的文化现象，主动去探索并理解背后的文化价值体系，以建立更为深刻的文化认知。尊重在此背景下是指个体应当对不同文化展现出真诚的尊敬，尊重文化的多样性，而非简单地停留在表面的礼貌。

理解是文化敏感性的核心之一，它要求个体对不同文化背景的人们有深入地认知和理解。这涉及对文化差异的积极主动的学习态度，超越个体的文化框架，去理解他人的信仰、习惯、价值观等。通过理解，个体能够更全面地看待和感受到不同文化中的共通性和独特性，从而为跨文化交际提供更为有深度的基础。

接纳则是文化敏感性的延伸，要求个体在跨文化交际中表现出宽容和包容的态度。这包括接受他人的文化背景，尽可能地减少对己方文化的强加和偏见。个体需要在交流中展现出对不同文化的接纳，而非简单地对其进行评判。通过接纳，个体能够打破文化隔阂，建立起更为亲近和稳固的跨文化关系。

文化敏感性的实质在于个体对多元文化的主动探索和尊重。这不仅仅是对表面文化现象的了解，更是对文化背后的深层次价值观的敏感。具备文化敏感性的个体在跨文化交流中能够更好地适应多元文化环境，构建起富有深度和广度的人际关系。这种能力的培养不仅对个体的人际交往有着积极影响，也对国际交流、跨国合作等多个层面产生深远的学术和实际影响。

2. 避免刻板印象和偏见

在跨文化交际中，避免刻板印象和偏见是文化敏感性的一个关键方面。个体具备文化敏感性的能力，意味着他们能够深刻认识到不同文化之间的差异，同时也能够主动避免因此而形成对他人的刻板印象和偏见。这种意识的存在对于建立互信关系，减少误解和冲突，以及为有效的跨文化交流创造良好基础至关重要。

避免刻板印象和偏见需要个体超越对他人的表面认知，避免简单地将他人归入某一文化群体的固定范畴中。这需要对个体自身的文化观念进行反思，以克服潜在的刻板印象和偏见。具备文化敏感性的个体能够认识到每个人都是独立个体，其观念和行为不仅仅受制于文化因素，还受到个体经验、教育和个性等多方面的影响。

文化敏感性的个体通过对自身观念的审视，能够更好地理解和尊重他人的差异。这种理解和尊重不仅仅局限于对文化的尊重，更包括对个体的尊重。避免刻板印象和偏见的意识有助于个体认识到人们在不同文化背景中拥有丰富的多样性，而不是简单地通过一种单一的文化标签来定义他们。

这种避免刻板印象和偏见的意识对于建立互信关系至关重要。刻板印象和偏见往往是导致误解和冲突的根源，因为它们简化了对他人的理解，忽略了个体的多样性。在跨文化交际中，建立互信关系是确保有效沟通的基础，而文化敏感性的个体正是通过避免刻板印象和偏见，创造了一个更加开放、尊重和包容的沟通环境。

（二）语言能力

1. 语法和词汇的熟练运用

语法和词汇的熟练运用在跨文化交际中占据着至关重要的地位，作为语言能力的核心要素，它直接关系到信息的准确传递和有效交流。语言作为跨文化交际的媒介，不仅仅是一种工具，更是文化认知和交际的重要手段。

首先，熟练掌握语法是确保跨文化交际信息准确传递的基础。语法规则在语言交流中扮演着组织语言结构、赋予语言准确含义的重要角色。具备熟练的语法运用能力的个体能够避免因语法错误而引起的误解，确保信息的准确性。在跨文化交际中，对语法的熟练运用使得个体能够以清晰、规范的语言表达自己的意思，提高信息的传递效率。

其次，词汇的丰富和准确运用是跨文化交际的关键因素之一。语言中的词汇不仅仅是表达概念的工具，更承载着文化的特有内涵。在跨文化交际中，了解并正确运用词汇能够有效地传递更为精准的信息，并且避免因词汇选择不当而产生的歧义。此外，对于跨文化交际，尤其需要注意语境中的文化差异，以确保词汇的运用符合文化背景，不会引起误解或不适当的语言使用。

最后，语言的正确运用有助于建立信任和互动。在跨文化交际中，正确的语言使用能够体现出个体的专业性和信任度，增强沟通的效果。精准、得体的语言表达不仅有助于避免交流中的歧义，还能够提升个体在跨文化环境中的形象和信誉。建立信任是跨文化交际成功的基础，而语法和词汇的熟练运用则是构建这一信任基础的不可或缺的因素。

2. 理解语言背后的文化内涵

除了语法和词汇的熟练运用，理解语言背后的文化内涵也是跨文化交际中至关重要的能力。语言不仅仅是信息传递的工具，更是文化的反映和传承。在不同的文化环境中，语言往往携带着独特的文化内涵，包括但不限于价值观、信仰、社会习惯等。因此，个体需要具备一定的文化解读能力，以避免由于文化差异而产生的误解和误导。

语言背后的文化内涵体现在词语的选择、语境的解读以及语言表达的隐含义等方面。不同文化对于相同词汇的理解可能存在着差异，甚至在相似的表达中也可能蕴含着截然不同的文化内涵。个体需要通过学习和体验，逐渐培养对不同文化语境的敏感性，以更准确地理解语言背后所蕴含的文化元素。

在跨文化交际中，文化解读的能力使个体能够更全面地理解对方的言辞，超越表面的字面意义。这对于避免因文化差异而产生的误解至关重要。例如，在某些文化中，直接表达意见可能被视为冒犯，而在另一些文化中可能被视为坦率和诚实。了解这些文化内涵，个体就能够更好地调整自己的表达方式，避免不必要的误解。

此外，理解语言背后的文化内涵也有助于加深个体对对方文化的尊重和理解。通过深入挖掘语言背后的文化内涵，个体能够更好地理解对方的价值观和思维方式，建立起更为深厚的文化共鸣。这种深层次的理解有助于在跨文化交际中建立更为紧密和持久的关系。

总体而言，理解语言背后的文化内涵是跨文化交际中的重要一环。它不仅

能够提高个体对语言的敏感性和适应性，更能够为文化之间的交流搭建起桥梁。

（三）文化知识

1. 深入了解不同文化的历史、价值观、信仰体系

深入了解不同文化的历史、价值观和信仰体系等方面的知识，是跨文化交际能力的重要基石。这种知识的积累不仅为个体提供了深刻的文化理解，还为建立有效的跨文化交流提供了坚实的基础。

其一，对不同文化的历史进行深入了解，有助于个体把握文化的演变过程和根本特征。历史是文化的渊源，了解一个文化的历史有助于个体理解其形成的背景、发展的轨迹，从而更好地理解当代行为和观念的根源。这有助于避免简单地将文化视为静态和单一的实体，而能够更全面地看待文化的动态和多元性。

其二，深入了解不同文化的价值观，使个体能够更好地理解文化中人们的思考方式和行为模式。价值观是文化中的核心元素，直接影响个体的行为和决策。通过对价值观的了解，个体能够更准确地预测和解释他人的行为，以及理解文化中重要的行为准则和社会规范。这种理解有助于个体在跨文化交际中更加敏感地调整自己的行为，提高交际的适应性和效果。

其三，信仰体系是文化中宗教和哲学信仰的集合，对人们的思维方式和生活方式有着深远的影响。通过深入了解不同文化的信仰体系，个体能够更好地理解文化中的信仰价值、道德规范，以及对人际关系和社会组织的影响。这种知识的积累使个体能够更为敏感地处理涉及宗教或哲学信仰的话题，避免因为不了解而引发的敏感性和误解。

2. 文化逻辑的应用

文化知识的应用在跨文化交际中是至关重要的，其不仅仅停留在了解阶段，更需要在实际交际中灵活运用文化逻辑。个体应当具备能力，在具体情境中运用文化逻辑，深刻理解他人的行为和言行，以避免产生文化误解。

一是，运用文化逻辑能够帮助个体更好地理解他人的行为。不同文化背景下，相同的行为可能会有不同的文化解读，而通过运用文化逻辑，个体能够更准确地理解他人的行为动机和意图。例如，在一些文化中，沉默可能被解读为尊重，而在另一些文化中可能被视为冷漠。了解这些文化逻辑，个体就能够更好地解读他人的沉默行为，减少误解的发生。

　　二是，文化逻辑的应用有助于个体更全面地理解他人的言行。言行往往受到文化价值观和社会规范的影响，而文化逻辑的应用可以帮助个体理解言行背后的文化内涵。例如，一些文化中可能更注重直接表达，而另一些文化则更倾向于委婉和间接的表达方式。通过运用文化逻辑，个体能够更好地把握他人的沟通方式，减少因为语境不同而引发的误解。

　　三是，文化逻辑的应用还有助于个体更好地适应和融入不同文化的环境。通过运用文化逻辑，个体能够更敏感地捕捉到文化环境中的细微差异，从而更好地调整自己的行为方式，避免因为文化差异而引起不必要的冲突。这种适应性的提高不仅体现在语言和行为上，更表现为对文化氛围的敏感度，使个体更容易融入不同的文化社群。

（四）沟通技巧

1.非语言交际的灵活运用

　　在跨文化交际中，非语言交际的灵活运用是确保有效沟通的重要因素。良好的跨文化交际需要个体具备解读不同文化中非语言信号的能力，以更全面地理解对方的意图和情感。

　　一是，非语言交际包括了肢体语言、面部表情、眼神交流等多种形式。这些非语言信号在不同文化中可能有不同的解读方式，因此个体需要学会在具体的文化环境中解读这些信号。例如，某些文化可能更注重直接的眼神交流，而在另一些文化中，避免直接的目光接触被视为尊重的表现。通过灵活运用对非语言信号的解读，个体能够更准确地感知对方的情感状态和意图，从而在交际中更加得心应手。

　　二是，非语言交际在跨文化交际中具有更为显著的作用，因为它是一种无需语言障碍的直观表达方式。通过观察对方的身体姿势、手势、面部微表情等，个体能够获取更为丰富的信息，补充和丰富语言交流的内容。在跨文化环境中，对非语言信号的灵活运用可以帮助个体更好地理解他人，减少由于语言差异而产生的理解误差，促进更加深入和准确地交流。

　　三是，非语言交际还可以用作交际的补充手段，弥补语言沟通的不足。通过适当的肢体语言和表情，个体能够更生动地表达自己的情感和态度，增加沟通的表达力。在跨文化交际中，当语言存在一定障碍时，通过非语言交际的灵活运用，个体能够更好地表达自己的想法，促进对方的理解。

2. 表达方式的调整

在跨文化交际中，个体的表达方式的调整是确保有效沟通的关键。在不同文化环境中，个体需要敏感地调整语言的语气、礼仪和表达方式，以符合当地的沟通规范，从而确保在跨文化交际中不引起误解或冲突。

第一，语气的调整在跨文化交际中显得尤为重要。不同文化对于语气的敏感度和接受度可能存在差异。有些文化可能更注重语言的委婉和客气，而有些文化则更倾向于直接和坦率的表达方式。个体需要根据所处的文化环境，灵活地调整语气，以避免因为语言风格的不同而引发的误解。这种语气的调整既包括语言的语调和语感，也包括表达中的情感色彩，确保个体在跨文化交际中传递出适宜的语言氛围。

第二，礼仪的调整也是跨文化交际中不可忽视的方面。不同文化对于礼仪的要求和认可度存在很大差异。个体需要了解并尊重不同文化的礼仪规范，适时调整自己的言行举止等。这包括对于对方的称呼方式、问候语的选择、社交场合中的行为举止等等。通过尊重并遵循当地的礼仪规范，个体能够更好地融入文化环境，避免因为礼仪不当而引发的文化冲突。

第三，表达方式的选择也需要根据文化差异进行调整。不同文化对于表达方式的偏好可能存在差异，个体需要灵活运用各种表达方式，选择最适合当地文化的方式进行交际。这包括口头表达、书面沟通以及使用符号、比喻等的表达方式。通过选择当地人熟悉且习惯的表达方式，个体能够更好地传递信息，减少因为文化差异而引发的理解困难。

3. 适应不同场合的沟通规范

在跨文化交际中，适应不同场合的沟通规范是确保有效沟通的关键要素。不同场合可能涉及不同的社会文化、行为准则以及语境要求，因此，个体需要具备灵活适应这些规范的能力，以确保在各种情境下都能够有效地传递信息，并与他人建立良好的关系。

一是，不同场合往往对于沟通的形式和风格有着不同的期望。例如，在正式的商务场合，可能更注重正式的用语、严谨的表达方式、尊重对方地位的沟通方式等等。而在非正式的社交场合，可能更倾向于轻松、亲和的表达方式。个体需要能够识别并适应不同场合的沟通风格，以确保自己的表达与当地的期望相符，避免因为不当的沟通方式而引发误解或不适。

二是，不同场合可能涉及不同的礼仪和行为规范。在一些文化中，社交场合可能需要更多的言辞恭维和尊敬，而在另一些文化中，可能更注重实际的业

务内容。个体需要了解并遵循当地场合的礼仪规范，以确保自己的行为举止符合文化期望，营造良好的社交氛围。适应不同场合的礼仪规范有助于在交际中展现尊重和友好，提高沟通的效果。

三是，不同场合的语言使用也可能有所不同。在一些正式场合，可能更需要正规、专业的用语，而在一些非正式场合，可能更能够使用口语化、轻松的表达方式。个体需要根据场合的不同，调整语言的选择和运用，以适应当地的语境，确保信息的准确传达。语言的适应性不仅表现在词汇和语法的选择上，更体现在语言的语气和语调的调整，使得个体能够更好地融入当地的沟通环境。

第二节　跨文化交际能力在高校英语教学中的重要性

跨文化交际能力在高校英语教学中具有重要性。如今，社会日益国际化，全球范围内的交流与合作越来越普遍。因此，使学生具备跨文化交际能力已成为高校英语教学的一个关键目标。跨文化交际能力在高校英语教学中的重要性架构图如图 2-2 所示。

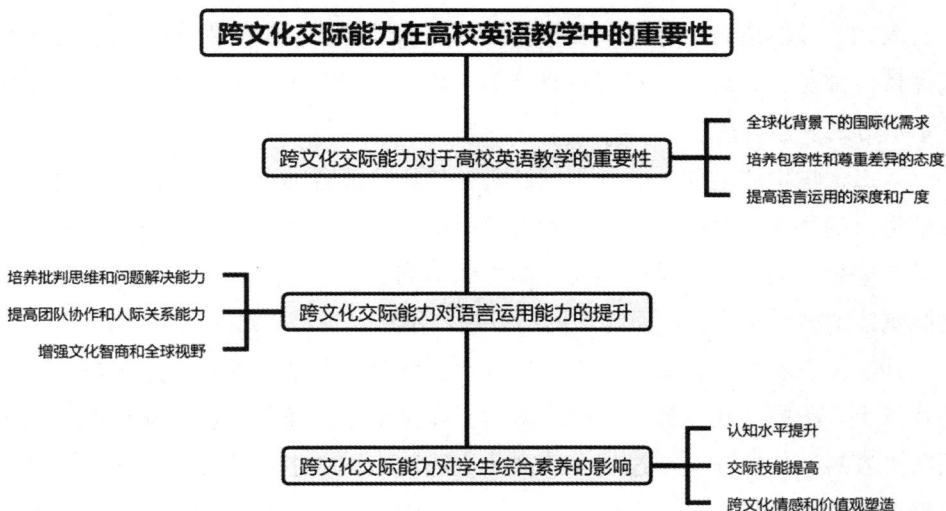

图 2-2　跨文化交际能力在高校英语教学中的重要性架构图

一、跨文化交际能力对于高校英语教学的重要性

（一）全球化背景下的国际化需求

在当前社会，全球化不断深入，国际的交流与合作日益密切。这种全球化趋势不仅涉及经济、政治等领域，也深刻影响到教育领域，尤其是高校英语教学。学生在未来职业生涯中将需要面对各种跨文化的交际情境，包括与来自不同国家和地区的同事、客户以及合作伙伴进行沟通。因此，高校英语教学迫切需要培养学生的跨文化交际能力，以适应全球化的需求。

（二）培养包容性和尊重差异的态度

1. 多元文化环境中的包容性态度

跨文化交际能力的培养为学生提供了更深层次的文化体验，促使他们形成包容性和尊重差异的态度。通过深入了解不同文化的通信方式、社会礼仪以及价值观，学生不仅能够理解文化差异的存在，还能够在这些差异中找到共同之处。这种包容性的态度不仅在学术领域具有益处，更在日常社交和职场互动中显得至关重要。

其一，通过跨文化交际的学习，学生将接触到各种不同的沟通方式，包括语言表达、肢体语言、沟通节奏等。这种深入了解促使学生对多元化的交际方式保持更加包容的态度，不再将自己的文化标准强加于他人，而是学会欣赏和尊重对方的表达方式。

其二，学生通过深入了解不同社会礼仪和价值观的背后逻辑，能够更好地理解他人的行为和思维方式。这种理解有助于打破文化之间的隔阂，使学生更容易与来自不同文化背景的人建立起积极的沟通关系。包容性的态度使得学生更愿意接纳多元文化，从而能够更好地融入和适应多元文化的社交环境。

其三，在职场和社交互动中，包容性态度是一种重要的软实力。在国际化的背景下，不同文化背景的人在团队中合作是常态，而能够包容并尊重差异的团队更容易高效协作。通过培养跨文化交际能力，学生在日后的职业生涯中将更加容易适应和融入跨国企业或跨文化环境中，为自己的职业发展奠定更为坚实的基础。

2.尊重差异的必要性

在全球范围内，个体所处的文化环境存在差异，这可能导致交流中的误解和冲突。通过培养跨文化交际能力，学生能够更好地理解并尊重他人的文化差异，从而降低因为文化冲突而产生的负面影响。这对于培养具有国际竞争力的人才至关重要。尊重差异的必要性在于构建积极的社会关系和促进文化交流与合作。

首先，尊重差异是构建积极社会关系的基础。在当今全球化的社会中，个体之间的交往不再局限于特定的地域和文化背景。在多元文化的社交环境中，如果缺乏对差异的尊重，容易导致交往双方产生误解、不适应，甚至引发冲突。通过跨文化交际能力的培养，学生能够学会欣赏和尊重他人的文化差异，建立起更加融洽、和谐的社会关系。

其次，尊重差异是推动文化交流与合作的动力。在国际合作、学术交流等领域，不同文化的交流是常态。若缺乏对差异的尊重，合作双方可能陷入僵局，影响交流的效果。通过培养跨文化交际能力，学生能够更主动地去理解并尊重他人的文化背景，推动文化间的交流与合作，为全球范围内的学术研究和商业合作提供更广阔的空间。

最后，尊重差异是培养国际竞争力的必要条件。在当今社会，国际化程度越来越高，企业和组织需要具备具有跨文化适应力的人才。通过培养跨文化交际能力，学生能够更好地适应国际化的职场环境，处理复杂的跨国业务，提高国际竞争力。这种国际化的视野和能力在学生未来的职业发展中将成为巨大的优势。

（三）提高语言运用的深度和广度

1.语言是跨文化交际的媒介

跨文化交际与语言密切相关，因为语言不仅是交流的工具，也是文化传承的媒介。通过学习跨文化交际能力，学生能够更深入地理解语言背后的文化内涵，进而提高语言运用的深度和广度。这种深度的理解有助于学生更灵活地运用语言进行沟通，以适应不同语境下的交际需求。

一是，语言作为跨文化交际的媒介，在不同文化之间承担着信息传递的关键角色。语言不仅仅是简单的词汇和语法的组合，更是文化认同和价值观念的表达方式。通过学习跨文化交际能力，学生能够深入挖掘语言背后的文化内涵，理解不同文化中独特的表达方式、隐含的含义以及社会规范。这种深刻的语言

理解将使学生在实际交际中更具敏感性和适应性，避免由于文化差异而产生的误解。

二是，跨文化交际的学习有助于提高语言运用的广度。学生通过接触不同文化的语境，扩展了他们的词汇和语法知识。不同文化之间存在独特的词汇和表达方式，通过学习这些内容，学生能够更灵活地运用语言，丰富自己的表达方式。这种广度的语言运用能力使学生在面对不同语境和交际对象时更具自信和流利度。

三是，语言在文化传承中扮演着重要的角色。通过语言，文化的价值观、传统习俗等得以传承。通过跨文化交际的学习，学生能够更好地理解不同文化的语言传承方式，认识到语言背后蕴含的文化认同。这种对语言与文化关系的理解，有助于学生更全面地认知不同文化，使他们在跨文化交际中表现得更为敏感和体贴。

2. 丰富词汇和语法知识

在跨文化交际的过程中，学生不仅需要掌握基本的语法和词汇，更需要深入理解不同文化语境中的语言使用方式。通过对文化差异的认识，学生能够更加准确地运用语言表达自己的观点，有效地与他人进行交流。

其一，丰富的词汇和语法知识是跨文化交际能力的基础。语言作为交流的媒介，其准确性和丰富性直接影响着信息的传递和理解。学生需要不仅熟练掌握基本的语法规则和词汇，还需要了解不同文化中独特的表达方式和惯用语，以确保他们的表达既准确又贴近文化语境。

其二，理解不同文化语境中的语言使用方式对于避免误解和提高交际效果至关重要。不同文化之间存在着语言习惯、表达方式和礼仪规范的差异。通过学习这些差异，学生可以更好地适应跨文化环境，避免因为文化差异而引发的语言误解。学生需要理解并运用这些差异，以确保他们的表达方式既得体又有效。

进一步，通过丰富的词汇和语法知识，学生可以更灵活地应对不同的交际场景。不同的文化语境可能需要不同的表达方式，包括正式场合和非正式场合的语言使用，以及在商务、社交等不同领域的语言要求。学生通过学习和运用多样化的词汇和语法，能够更好地适应各种交际环境，提高他们在不同文化中的交际效果。

二、跨文化交际能力对语言运用能力的提升

（一）培养批判思维和问题解决能力

1. 跨文化批判思维的培养

跨文化交际能力的培养过程要求学生不仅仅能够理解不同文化的价值观、信仰和行为规范，更要求他们具备观察、分析和评价的能力，从而逐渐培养出批判思维的素养。这一过程是学生在面对多元文化背景时逐渐形成的，其核心目标在于使学生能够在跨文化情境中进行理性思考，减少对他人文化的刻板印象和偏见，使他们更加开明、宽容、并能够更深刻地理解和尊重文化差异。

一是，跨文化交际的培养通过学生对不同文化进行观察，使其具备了感知文化差异的能力。学生在跨文化情境中通过观察他人的行为、言语、习惯等方面，能够积累对不同文化特征的认知，从而形成对多元文化的感知敏感性。这种感知能力为学生后续的批判思维提供了基础。

二是，学生在跨文化交际中进行分析，逐渐培养了对文化差异的分析能力。分析不同文化的根本要素，如历史、价值观、社会结构等，使学生能够更深刻地理解文化形成的原因和影响。通过这种分析过程，学生开始形成对文化现象更为系统和深入地认识，为批判性思维的发展奠定基础。

三是，学生通过对不同文化进行评价，逐渐培养了对文化差异进行批判性思考的能力。这种批判性思考并非简单地对文化进行肯定或否定，而是在理性基础上对文化进行深层次的评价。学生能够从多元文化中汲取优点，拓展思维，同时在面对文化差异时减少刻板印象和歧视，使其更加开明、理解和尊重。

2. 问题解决能力的提升

跨文化交际的复杂性对学生提出了更高的问题解决能力的要求。在不同文化背景下，问题的性质可能更为复杂，涉及文化冲突、语言障碍以及不同社会习惯等多方面的因素。学生在跨文化交际中面对这些复杂问题，通过解决过程，不仅锻炼了在复杂环境中迅速反应的能力，也提升了妥善解决问题的水平，为其未来面对多元挑战提供了坚实的基础。

一方面，学生在解决跨文化交际中的问题时，需要迅速理解并适应不同文化的社会规范和礼仪。这包括了解对话的方式、表达观点的方式以及不同文化背景下的期望和禁忌。解决这方面的问题需要学生具备敏锐的观察力和对文化

多样性的深刻理解，从而快速适应新的文化环境，减少因文化差异而引发的交际障碍。

另一方面，学生在面对语言障碍时，需要能够迅速找到有效的沟通途径。这可能包括使用非语言交流手段、寻求翻译协助或采用更简单、清晰的语言表达。解决语言障碍的问题要求学生具备灵活运用多种交际技巧的能力，以确保信息传递的准确性和有效性。

最后，学生还需要处理由文化冲突引发的问题。文化差异可能导致不同的价值观和行为准则，从而产生误解和矛盾。解决这类问题需要学生具备跨文化沟通的深度认识，以平等、尊重、理解的态度对待不同文化观念，通过妥善地沟通与协商达成共识。

（二）提高团队协作和人际关系能力

1. 跨文化团队协作的实际经验

跨文化交际的学习经历深度培养了学生在不同文化背景的团队中进行协作的实际经验。这种实践锻炼了学生的协作和沟通技能，使他们能够更有效地与来自不同文化背景的团队成员合作，并成功解决团队面临的问题。这样的实际经验不仅提升了学生的团队协作精神，还加强了他们在复杂人际关系中的处理能力。

第一，通过跨文化团队协作，学生学到了如何理解和尊重不同文化的团队成员。这种理解和尊重是跨文化协作成功的基石，因为团队成员可能因文化差异而在沟通风格、工作态度和问题解决方法上存在差异。学生在实践中学到了如何倾听和理解不同文化背景的团队成员，以建立团队的合作氛围。

第二，学生通过实际经验培养了解决跨文化团队中出现问题的能力。文化差异可能引发团队内部的误解、沟通障碍或工作流程不畅。在这样的情境中，学生学到了如何通过有效地沟通和协商，妥善解决问题，保持团队的正常运作。这有助于培养学生的解决问题和危机处理的能力。

第三，跨文化团队协作的实际经验促使学生更灵活地运用跨文化沟通技巧。学生在实践中逐渐领悟到不同文化之间的沟通方式和工作风格，学会了适应和调整自己的沟通策略，以更好地融入团队，提高团队的整体协同效率。

2. 人际关系能力的提升

通过与来自不同文化背景的同伴进行交流与合作，学生在跨文化交际的过

程中经历了人际关系能力的提升。这种提升不仅体现在对他人文化差异的理解和尊重上，还深刻影响了他们未来社交场合中的人际互动。跨文化交际的学习使学生在复杂的人际关系中培养了处理冲突、建立有效沟通的技能，为其整体综合素养的提升起到了重要的作用。

其一，学生通过跨文化交际的实践培养了对他人文化差异的理解和尊重，这直接促进了他们的人际关系能力的提升。在与来自不同文化背景的同伴交往的过程中，学生学到了如何更加敏感地理解他人的文化价值观、信仰和社会行为规范。这样的文化敏感性不仅使他们在交往中避免了因误解而产生的冲突，还为建立更加亲密的人际关系奠定了基础。

其二，跨文化交际的学习经验使学生能够更好地处理复杂的人际关系中的冲突。在跨文化团队协作和交往中，难免会遇到由于文化差异引起的误解或不同观点的冲突。学生通过这些经历学到了如何沟通、协商以及妥善解决问题，这提高了他们应对复杂人际关系情境的能力，使其更具人际互动的成熟度。

其三，跨文化交际能力的培养促进了学生在社交场合中更具包容性和亲和力。学生通过深入了解不同文化的同伴，培养了开放的态度和对多元文化的接纳能力。这种包容性的心态使得他们在未来的社交互动中更容易与他人建立良好关系，提高了他们在社会中的融入感和人际关系的稳固性。

（三）增强文化智商和全球视野

1. 文化智商的提高

通过跨文化交际能力的培养，学生的文化智商得到了显著提高。文化智商是指个体对于不同文化的敏感性、适应性以及在跨文化情境中成功交往的能力。学生在这一过程中通过学习其他文化的历史、价值观、信仰体系等知识，逐渐培养了更加敏感和适应的文化智商，使他们在国际交往中更具竞争力。

一是，跨文化交际能力的培养促使学生对不同文化更加敏感。通过深入学习其他文化的方方面面，包括历史、传统、社会结构和日常生活，学生能够更全面地理解和体验不同文化。这种深度的文化认知让学生能够更敏感地捕捉到文化差异的细微之处，从而更好地应对多元文化的交往挑战。

二是，透过跨文化交际的实践，学生的文化适应能力得到了锻炼和提升。在跨文化情境中，个体需要迅速适应不同的社会习惯、沟通方式和价值观念。通过与不同文化背景的人交往，学生学到了如何在不同文化中自如地行动，不

仅尊重他人文化，更能够灵活适应多样的文化环境。

三是，跨文化交际的学习经历培养了学生在国际交往中取得成功的能力。这包括了解如何在多元文化团队中协作，怎样处理文化差异带来的潜在问题，以及有效解决交流障碍。这种成功交往的能力使学生更具竞争力，不仅在国际职场中脱颖而出，也有助于他们更好地融入国际社会。

2. 全球视野的拓宽

跨文化交际能力的培养在当今全球化背景下显得尤为重要，为学生拓宽了视野，使其能够更全面地理解和适应多元化社会。通过深入了解世界各地的社会文化现象，学生能够在全球范围内建立起更为广泛的认知框架。这一全球视野的培养有助于提高学生的开放性思维，使他们更富有包容性，更能够跨越文化差异，更好地进行国际的相互交流。

全球视野的拓宽使学生能够更好地理解全球化进程中国际的相互联系。通过了解不同国家和地区的社会文化现象，学生能够认识到世界各地的人们在思想、价值观念、社会习惯等方面的差异，从而更加深刻地理解全球化所带来的挑战和机遇。这种对全球相互依存关系的认知有助于学生更好地应对未来复杂而多变的国际社会环境。

同时，全球视野的培养也为学生提供了更广泛的社会认知和跨文化交往的技能。通过与不同文化背景的人沟通交流，学生能够培养出更为灵活、包容和敏感的沟通技能，这对于未来在国际舞台上的成功具有重要意义。在全球视野的引导下，学生将更好地适应多元文化的社会环境，不仅能够更好地融入不同文化圈层，还能够更加成功地解决来自不同文化的挑战和冲突。

三、跨文化交际能力对学生综合素养的影响

（一）培养批判思维和问题解决能力

1. 跨文化批判思维的培养

在跨文化交际能力的培养过程中，学生通过深入观察、分析和评价不同文化的价值观、信仰和行为规范，逐渐发展和培养了批判性思维的能力。这种批判性思维的培养是跨文化交际中不可或缺的一环，为学生在复杂的跨文化情境中进行理性判断提供了重要的认知工具。通过对文化差异的深度理解，学生能够有效减少误解和冲突的发生，从而促进更加和谐与有效的跨文化交流。

在培养跨文化批判思维的过程中，学生首先通过观察和感知不同文化背景下的行为、信仰和价值观。这种观察力的培养使得学生能够更全面地理解他人的文化行为，并开始形成对文化差异的初步认知。接着，学生通过对这些观察的数据进行深入的分析，探讨不同文化现象之间的联系和影响。这种分析过程不仅强化了学生对文化多样性的理解，还促使他们逐渐形成对文化现象背后深层次逻辑的敏感性。

在逐步发展批判性思维的过程中，学生通过评价和比较不同文化的价值观和信仰，培养了对文化现象的审视能力。这种评价过程要求学生超越表面现象，深入挖掘文化现象背后的原因和意义。通过对比分析，学生能够更好地理解不同文化之间的异同，同时形成对这些文化现象的批判性见解。这种批判性的评价能力使学生在跨文化交际中更为理性和明智地应对各种文化挑战。

最终，跨文化批判思维的培养使得学生能够在面对复杂的跨文化情境时进行理性判断。他们不仅能够主动寻求理解，减少误解的发生，还能够更好地协调和解决跨文化交际中可能出现的冲突。这种具有深度的批判性思维不仅增强了个体在跨文化交际中的适应性，也为建设更加包容与多元的全球社会提供了重要的智力支持。因此，跨文化批判思维的培养在当今日益国际化的社会背景下，对于培养具有全球视野的人才具有深远而积极的影响。

2. 问题解决能力的提升

跨文化交际的特殊性要求参与者具备卓越的问题解决能力。在不同文化背景下，问题可能涉及文化冲突、语言障碍等多方面因素，因此学生在这一过程中必须迅速反应并妥善解决各类挑战。这种问题解决的训练过程不仅加强了学生的应变能力，也为其未来面对多元化社会中的复杂挑战提供了坚实的基础。

首先，跨文化交际中的问题解决能力要求学生能够迅速识别并理解文化差异所带来的潜在问题。这可能包括对不同文化价值观念、社会习惯以及沟通方式的敏感性。通过在实际交际中遇到并解决这些问题，学生不仅增强了对文化多样性的认知，还培养了在复杂环境中迅速定位问题并提出解决方案的能力。

其次，语言障碍是跨文化交际中常见的问题之一，需要学生具备有效的语言沟通和解决问题的技能。通过面对来自不同语境的交流障碍，学生不仅提高了语言适应性，更锻炼了跨文化语境下解决问题的能力。这种语言挑战的应对过程不仅培养了学生的沟通技能，还增进了他们对语言多样性的理解，为跨文

化交际中的问题解决提供了深厚的基础。

最后，在解决问题的过程中，学生还需要培养与他人协作的能力，尤其是在多元文化的背景下。有效的团队合作可以帮助解决复杂问题，促进跨文化交际的顺利进行。通过与来自不同文化背景的同伴合作，学生能够学到如何更好地理解和尊重他人的观点，从而更有效地解决问题，为团队的成功做出贡献。

（二）提高团队协作和人际关系能力

1. 跨文化团队协作的实际经验

跨文化交际的学习经验不仅仅涉及理论知识的积累，更体现在实际跨文化团队协作的过程中。这一过程对于培养学生在跨文化团队中的协作和沟通技能起到了至关重要的作用。通过与来自不同文化背景的团队成员紧密合作，学生不仅能够积极参与协作活动，更能够深刻体验和理解文化差异对团队协作的影响。

在跨文化团队中，学生首先面临的挑战是理解和尊重他人的文化差异。这包括但不限于价值观、沟通方式、工作习惯等方面的多样性。在实际的团队协作中，学生需要倾听和理解来自不同文化背景的成员的观点和想法，从而建立起一种共同理解的基础。这过程锻炼了学生的跨文化敏感性，使其能够更好地应对复杂多变的跨文化工作环境。

此外，跨文化团队协作的经验有助于提高团队的协同效率。在跨文化背景下，有效地沟通和协作对于团队的成功至关重要。学生在实际协作中学到如何克服语言障碍、解决文化冲突，并有效地协调不同成员的工作。这种实际经验不仅在学术上有价值，更为学生提供了未来职业生涯中更为成功地与国际团队协作的实际能力。

这种跨文化团队协作的经验还有助于培养学生的团队协作精神。在实际工作中，学生逐渐认识到团队协作不仅仅是个体能力的展示，更是一种共同努力的成果。他们学到如何平衡个体贡献和团队目标，充分利用每个团队成员的优势，提高整个团队的绩效。这种团队协作精神不仅在跨文化背景下发挥作用，在日后的职业生涯中也为学生成为出色的团队成员和领导者打下了坚实的基础。

最终，跨文化团队协作的实际经验为学生提供了一种全面的培训，使其具备更高水平的跨文化交际能力和团队协作技能。这种实践性的学习经验不仅有助于提升学生在复杂文化环境中的适应性，也为他们未来职业生涯的国际化发

展奠定了坚实的基础。因此,跨文化团队协作的实际经验在学术上具有重要价值,同时对于培养全球化时代的专业人才也具有深远的影响。

2. 人际关系能力的提升

通过与来自不同文化背景的同伴进行积极的交流与合作,学生不仅能够深刻理解并尊重他人的文化差异,同时也显著提高了他们的人际关系能力。这种跨文化的交往体验对于塑造学生的人际交往技能和社交素养产生了深远的影响。学生在这一过程中不仅展现了更强的包容性和亲和力,同时也培养了在多元文化环境中建立良好人际关系的关键能力,为他们在未来社交场合中更好地融入和建立联系奠定了坚实基础。

首先,通过与不同文化背景的同伴进行交流,学生得以深入了解不同文化的价值观、信仰和社会习惯。这种积极的文化交流不仅促使学生拓宽视野,还能够帮助他们更全面地理解他人的行为和思维方式。这种深刻的文化体验使学生更具开放性和包容性,从而更自然地与来自不同文化背景的人建立起积极和谐的人际关系。

其次,这种跨文化交流经验锻炼了学生处理冲突和促进合作的能力。在不同文化间,可能存在着潜在的冲突和误解。学生通过实际经验学到如何以开放的心态对待差异,以及如何通过有效地沟通和解决问题的技能来缓解潜在的紧张局势。这种处理冲突的能力不仅对于跨文化团队的协作至关重要,同时也为学生未来的职业和社交生活中的人际关系管理提供了实用的技能。

最后,通过跨文化交流,学生积累了更为丰富和灵活的人际沟通技能。他们学会在跨文化环境中更加敏感地解读他人的言行,提高了跨文化沟通的效果。这包括非语言交流、文化语境的理解以及与他人建立信任关系的技能。这些技能不仅使学生能够更好地理解和回应跨文化环境中的信息,同时也为他们在未来更加复杂的社交场合中表现出色提供了强大的支持。

（三）增强文化智商和全球视野

1. 文化智商的提高

跨文化交际能力的培养在很大程度上有助于提高学生的文化智商。通过深入学习其他文化的历史、价值观、信仰体系等知识,学生逐渐培养了更为敏感和灵活地应对不同文化挑战的文化智商。这种文化智商的提升不仅加强了学生对全球多元文化的理解,更使他们能够更有效地应对复杂的跨文化环境,为国

际交往提供了更为强大的支持。

首先，通过学习其他文化的历史，学生能够更全面地理解不同文化的形成过程、演变轨迹以及影响因素。这种深度的历史认知不仅拓宽了学生的视野，也使其能够更好地理解和尊重其他文化的根本特征。这样的历史学习不仅是对文化多样性的认知，更是培养学生对不同文化形成的背后逻辑的理解，为其具备更为深厚的文化智商奠定了基础。

其次，学生通过学习其他文化的价值观和信仰体系，能够更细致入微地了解文化的核心价值和信仰体系对人们行为和决策的影响。这种深度的文化学习不仅提高了学生的文化敏感性，还培养了他们更为深刻的文化理解能力。通过理解其他文化的价值观和信仰，学生能够更好地适应和尊重不同文化的行为规范，形成更为开放和包容的文化态度，从而提升了其在跨文化环境中的文化智商。

最后，这种提升的文化智商使得学生更具适应力，能够更好地融入多元文化的环境。具备较高文化智商的学生能够更灵活地应对跨文化交际中的挑战，避免误解和冲突，并更好地理解他人的文化特点。这对于国际交往、国际商务合作等方面具有重要价值。在全球化的时代，这样的文化智商不仅是个人的软实力，也是对国际社会的积极贡献。

2. 全球视野的拓宽

透过深入研究不同文化，学生的全球视野得以显著拓宽。通过了解世界各地的社会文化现象，学生不仅能够更全面地理解全球化的背景，还能够在更广泛的范围内建立起更为开放和多元的视野。这种全球视野的拓宽不仅是对于个体认知的提升，更为参与国际交流、商务合作等活动提供了丰富的资源和深刻的视角。

首先，全球视野的拓宽通过学生对于不同文化社会现象的深入了解而实现。通过学习其他文化的历史、价值观、社会习惯等方面的知识，学生能够更深入地理解世界的多元性和复杂性。这样的认知过程不仅使得学生在知识层面上拓宽了视野，更促使他们对于不同文化间的相互影响和共生关系有更深刻的认识。

其次，全球视野的拓宽也激发了学生的开放性思维和跨文化交际能力。在学生跨足多个文化领域的过程中，他们逐渐培养了对于多元文化的接纳和理解，提高了在国际环境中进行沟通和协作的能力。这样的能力对于未来参与国际性活动、团队合作以及处理跨国事务都具有极大的意义。

再次，全球视野的拓宽也为学生提供了更为广泛的资源和视角。通过了解不同文化的创新、发展和社会实践，学生不仅能够从中汲取启发，更为未来的职业发展和个人成长积累了宝贵的经验。这种丰富的资源和视角有助于学生更全面地应对未来复杂多变的国际社会环境。

最后，全球视野的拓宽培养了学生面对不同文化、不同背景时的适应性。学生在不同文化之间的穿梭和对话中，逐渐习得如何在跨文化环境中灵活运用自己的知识和技能，以更为开放和包容的态度去理解和融入不同文化。这种适应性的培养使得学生在国际化的舞台上更为游刃有余，能够更成功地应对各类挑战。

第三节　跨文化交际能力培养的现状与挑战

一、高校英语教学中现有跨文化交际能力培养的情况

在高校英语教学中，当前存在着一系列关于跨文化交际能力培养的情况。主要涉及课程设置与教材内容，以及教师队伍的培训两方面，如图 2-3 所示。

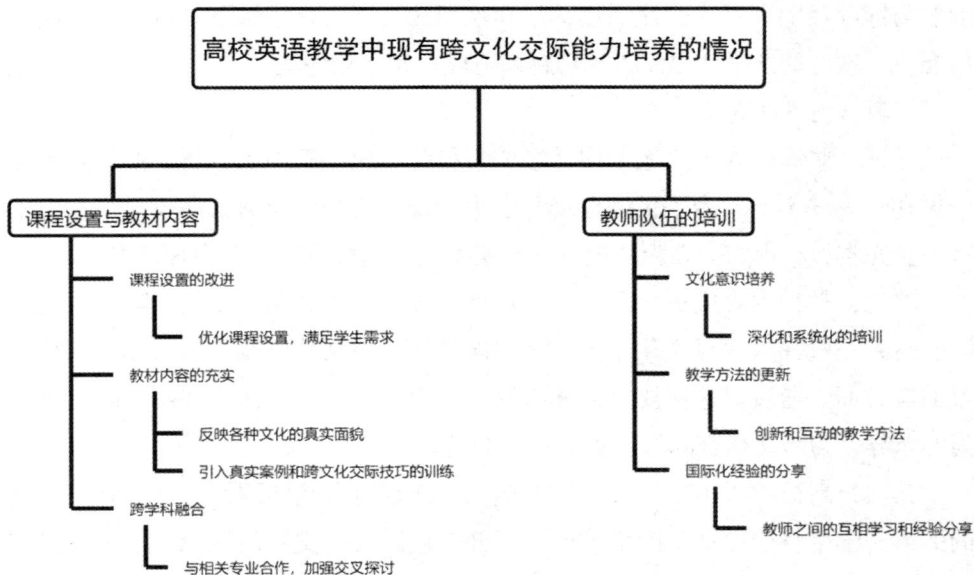

图 2-3　高校英语教学中现有跨文化交际能力培养的情况架构图

（一）课程设置与教材内容

1. 课程设置的改进

在当前的高校英语教学中，跨文化交际能力培养引起了越来越多的关注。一些高校已经意识到了这一点，并将相关内容纳入英语课程的设置中，体现了高校对学生全面发展的重视。尽管如此，仍有部分高校存在跨文化交际课程设置不足的问题，这需要进一步的改进。

为了更好地培养学生的跨文化交际能力，高校应该在课程设置方面进行进一步的优化。这包括确保课程内容覆盖多元文化背景，并涵盖国际交往的各个方面，例如文化差异和国际商务沟通等。通过这样的优化，高校可以更好地满足学生的需求，使其在跨文化环境中更加游刃有余。

在课程设置的改进中，高校可以引入更多实际案例，通过真实的跨文化场景来教授相关知识。这不仅可以增强学生对理论知识的理解，还能让他们在实际应用中培养跨文化交际的能力。此外，高校还可以引入跨学科的元素，将跨文化交际融入其他学科领域，如国际关系、文化学等。这样的跨学科融合将为学生提供更全面、深入的跨文化学习体验。

除此之外，高校还可以注重培养学生的跨文化思维能力，通过鼓励学生主动参与国际性的项目、交流活动，培养他们在不同文化背景下进行思考和应对的能力。这有助于学生更深入地理解和适应多元文化环境。

2. 教材内容的充实

尽管一些高校在英语教学中已经努力将跨文化要素纳入教材，但实际实施中仍存在一些不足。为了更好地培养学生的跨文化交际能力，高校应当致力于进一步充实教材内容。在教材内容的充实方面，高校可以采取多种策略。

首先，教材内容应更全面、深入地反映各种文化的真实面貌。除了关注语言表达，还应深入探讨文化差异的深层次理解，包括价值观、信仰体系、社会习惯等方面。通过对这些要素的深入挖掘，学生能够更全面地理解不同文化之间的差异，为跨文化交际打下更为坚实的基础。

其次，高校可以引入更多真实案例，以使教材更具实用性。通过真实案例的引入，学生将能够在实际情境中学习并应用跨文化交际的知识。这不仅能够增加学习的趣味性，还能够让学生更好地理解理论知识在实践中的应用。同时，真实案例也有助于学生更深入地体验和理解文化差异，培养其在实际交际中的

敏感性和适应性。

最后，引入跨文化交际技巧的训练也是提高教材实用性和学术深度的有效途径。教材可以融入诸如跨文化沟通技巧、解决文化冲突的方法等实用性强的内容，以帮助学生更好地应对实际跨文化交际中的挑战。这种训练不仅有助于学生在理论层面上的学习，更能够培养他们在实践中灵活运用相关技能的能力。

3. 跨学科融合

为了提高课程的学术价值，高校应当积极考虑将跨文化交际能力培养与其他学科进行融合。这一跨学科的融合策略可以通过与国际关系、文化学等相关专业的合作来实现，以加强对不同领域的交叉探讨，从而为学生提供更为全面和深入的跨文化学习体验。

在与国际关系专业的合作方面，高校可以通过共同设计课程或开设联合课程，使英语教学与国际关系领域的知识相互交织。这样的合作可以促进学生更好地理解国际关系中的文化因素，使其在未来的国际交往中更具敏感性和深度理解。

同时，与文化学等相关专业的合作也具有重要的意义。通过将跨文化交际能力培养与文化学的理论知识相结合，可以使学生在学习过程中更好地理解文化的深层次内涵。这种融合不仅有助于学生对文化差异的认知，还能够培养其对文化现象更为综合和深刻地理解。

跨学科的融合还可以在实践性项目中得以体现。通过与其他专业的学生组成团队，共同参与国际性的项目、研究或实践活动，学生可以在实际操作中学习并应用跨文化交际的能力。这样的实践性经验不仅能够提高学生的综合素养，还能够加强他们在团队协作、项目管理等方面的实际能力。

（二）教师队伍的培训

1. 文化意识培养

高校教育的跨文化交际培训已成为一个备受关注的议题，其中文化意识的培养在教师队伍中尤为重要。一些高校已经意识到了这一点，开始关注并进行跨文化交际培训，以提升教师的文化意识和能力。这一举措的重要性在于，教师的文化意识直接关系到他们对学生进行跨文化教学的质量和深度。

文化意识的培养不仅使教师更加敏感于不同文化间的差异，也有助于拓宽教学视角，使教育更具多元化。通过了解不同文化的价值观、信仰体系和社会

习惯，教师能够更好地理解学生的背景，有针对性地调整教学内容和方法，提高教学的实效性。此外，教师的文化意识还能够促使他们更加尊重和理解学生，从而营造更加包容和积极的学习氛围。

2. 教学方法的更新

高校在跨文化交际能力的培养中，教学方法的更新是至关重要的一环。为了更有效地培养学生的跨文化交际能力，教师需要采用更为创新和互动的教学方法。这需要高校通过为教师提供相关培训，引导他们更好地运用案例分析、角色扮演、小组讨论等互动式教学手段。

在培训中，教师可以学习如何运用案例分析来引导学生深入了解和分析跨文化情境。通过真实案例的讨论，学生能够更加直观地理解不同文化间可能存在的问题和挑战，培养其对于文化差异的敏感性和理解力。案例分析也有助于将理论知识与实际问题相结合，提高学生在实践中应对复杂情境的能力。

另一方面，角色扮演是一种模拟真实交际情境的教学方法，能够使学生在虚拟环境中体验跨文化交际的挑战。通过扮演不同文化的角色，学生能够更深刻地感受到文化差异可能带来的沟通障碍，并学会灵活调整自己的交际方式。这种实践性的教学方法有助于培养学生在实际跨文化交际中更为灵活和适应的能力。

此外，小组讨论是促进学生间交流与合作的有效手段。通过组织小组讨论，学生能够分享彼此对文化差异的看法，学习借鉴他人的经验，促进彼此之间的文化理解。这种互动式教学方法不仅加强了学生与学生之间的交流，也为教师提供了更直观地了解学生跨文化交际能力发展情况的途径。

3. 国际化经验的分享

为了提高教师队伍的跨文化交际素养，高校应当积极鼓励教师分享自己的国际化经验，包括学术交流、国际合作项目等方面的丰富经历。这种经验分享不仅可以促进教学团队整体水平的提升，还能够为学生提供更为丰富的学术资源，推动跨文化交际教育在高校取得更好的效果。

教师在国际化经验分享中，可以介绍自己参与的学术交流项目，分享在国外学术机构学习与研究的经历。这种分享有助于教师之间相互借鉴、互相启发，拓宽整个教学团队的国际视野。通过了解其他教师在国际环境中的学术体验，教师能够更好地理解和应对跨文化教学中的各种挑战，从而提升整体的教

学水平。

此外，教师分享国际合作项目的经验也能够为教学团队提供宝贵的教训和启示。通过分享成功案例和遇到的困难，教师可以帮助其他成员更好地准备和规划自己的国际合作项目。这种经验分享可以在实践层面为教学团队提供有益地指导，提高教师在国际合作项目中的操作水平和管理能力。

对学生而言，教师的国际化经验分享也是一种宝贵的学术资源。通过了解教师在国际环境中的学术成果和交流体验，学生可以更全面地认识到不同文化的学术特点，激发学生的学术兴趣和对国际交流的热情。这种学术资源的丰富性将有助于培养学生更为开放和包容的学术态度，为他们未来的跨文化交际奠定更加坚实的基础。

二、面临的挑战和问题

（一）培养目标不明确

1. 缺乏明确的培养目标

在高校的跨文化交际能力培养中，存在培养目标不明确的问题，给教学过程带来了一系列挑战。一些高校未能明确学生在跨文化交际方面应具备的具体技能和素养，缺乏具体的指导性目标，使得整个培养过程缺乏系统性，学生在跨文化交际方面难以形成全面的能力。

缺乏明确的培养目标直接影响了教学的有效性。在没有明确目标的情况下，教师难以有针对性地设计教学内容和活动，无法确保学生在培养过程中得到全面地发展。学生可能会在零散的知识点中学到一些跨文化交际的片段性知识，却难以形成系统地理解和应用能力。因此，明确培养目标对于规范和提升高校跨文化交际能力培养至关重要。

培养目标的不明确也使得教学过程缺乏指导性。教师在缺乏具体目标的情况下可能难以确定教学重点，从而导致教学过程的零散性和碎片化。学生可能在不同的课程中接触到各种有关跨文化交际的知识，但由于缺乏整体性的指导，他们难以将这些知识有机地整合起来，形成对跨文化交际的全面理解。

2. 培养目标与实际需求脱节

在一些高校中，存在着设定的跨文化交际能力培养目标与实际职业和社会需求脱节的问题。这一问题的存在主要源于跨文化交际领域的广泛性和复杂性，

使得一些高校的培养目标相对抽象，难以贴近实际工作和生活场景。为了确保学生所获得的能力能够在实际应用中发挥作用，高校需要更加关注培养目标与实际需求的匹配性。

一是，跨文化交际领域的广泛性要求培养目标更加具体和细化。由于跨文化交际涉及不同文化、语境和背景，培养目标应当具体明确学生需要掌握的跨文化交际技能、跨文化沟通策略等方面的要求。例如，目标可以包括学生具备在多元文化环境中进行有效沟通的能力，能够适应不同文化场景下的工作和社交需求等。

二是，培养目标应与实际职业和社会需求相结合。高校应深入了解不同行业和领域对跨文化交际能力的具体要求，将这些需求融入培养目标中。例如，在国际商务领域，学生可能需要具备跨文化谈判、国际商务礼仪等方面的能力；而在国际组织或外交领域，学生可能需要更强调国际事务的理解和处理能力。因此，高校应当根据学生所处的专业和领域，有针对性地制定培养目标，以更好地满足实际职业和社会的需求。

三是，培养目标的更新与时俱进也是确保与实际需求匹配的关键。随着全球化的发展和社会的不断变迁，跨文化交际领域的需求也在不断演变。高校应当定期评估和更新培养目标，以确保其能够紧跟时代潮流，反映当前社会的跨文化交际需求。这包括与相关行业专业人士、企业界人士和社会组织进行紧密合作，获取最新的信息和反馈，以调整和完善培养目标。

3. 跨学科融合不足

在培养目标的设定中，一些高校未能充分考虑跨学科融合的因素。跨文化交际能力的培养需要跨足多个学科领域，包括语言学、社会学、国际关系等。因此，高校在设定培养目标时需要更好地融合不同学科的专业知识。

（二）评价体系不完善

1. 缺乏全面、科学的评价标准

在一些高校中，存在跨文化交际能力培养目标设定中未充分考虑跨学科融合的情况。跨文化交际能力的培养涉及多个学科领域，包括但不限于语言学、社会学、国际关系等，因此，高校在设定培养目标时需要更好地融合不同学科的专业知识，以确保学生能够全面理解和应对跨文化交际的复杂性。

一是，语言学是跨文化交际中不可或缺的一部分。语言是文化传递的媒介，

不同语言背后蕴含着丰富的文化内涵。在培养目标中，高校可以将语言学的知识纳入，强调学生需要具备在不同语境下进行有效沟通的语言能力。这包括语言表达的准确性、语境适应性以及多语言交际的技巧等方面。

二是，社会学的知识对于理解不同文化背景下的社会行为和价值观具有重要作用。培养目标可以更明确地强调学生需要具备分析和理解不同文化社会结构的能力，包括但不限于家庭结构、社会等级制度、社交规范等。通过社会学的视角，学生能够更深入地洞察不同文化间的社会动态和互动关系。

三是，国际关系的知识也是跨文化交际不可或缺的一部分。特别是对于那些将来从事国际事务或国际合作的学生而言，了解国际政治、国际法、国际组织等方面的知识将有助于他们更好地适应国际舞台上的复杂情境。培养目标可以明确学生需要具备分析和理解国际关系的能力，以及在国际层面进行跨文化交际的技巧。

四是，心理学的知识也可以为跨文化交际能力的培养提供支持。理解和尊重他人的心理状态、文化差异对于有效地跨文化交际至关重要。培养目标可以强调学生需要具备跨文化心理学的知识，包括文化智商的提升、跨文化冲突解决的技能等。

2. 缺乏综合性评价手段

目前的高校评价体系相对较为单一，主要集中在传统的笔试、口试等方式上，而跨文化交际能力的培养需要更多综合性的评价手段。这种单一的评价方式难以全面反映学生在多元文化环境中的综合素养和实际应用能力。因此，高校需要引入更多综合性的评价手段，以更全面地考查学生的跨文化交际能力。

一是，项目实践是一种有效的综合性评价手段。通过参与实际项目，学生能够在真实的跨文化情境中应用所学知识，锻炼解决问题的能力，培养团队协作技能。这样的实践活动既能考查学生的专业知识，同时也能评估其在跨文化环境中的适应能力和灵活性。

二是，案例分析是另一种有力的综合性评价手段。通过分析真实的跨文化案例，学生可以深入理解文化差异的本质，提升对多元文化环境的敏感性。同时，案例分析也能够考查学生在面对复杂情境时的批判性思维和问题解决能力。

三是，团队合作也是评价跨文化交际能力的重要手段。在团队合作项目中，学生需要与来自不同文化背景的同伴协作，这有助于培养他们的团队协作技能、

沟通技巧和文化敏感性。通过对团队合作表现的综合评价，可以更全面地了解学生的跨文化交际素养。

3.评价与培养目标的对接问题

评价体系与培养目标之间存在一定的对接问题，主要源于培养目标的不明确。由于缺乏具体而清晰的培养目标，高校的评价体系往往难以有效地反映学生是否达到了预期的跨文化交际水平。这种对接不足影响了对学生能力的准确评估，也制约了跨文化交际能力培养的效果。

第一，明确的培养目标是设计评价体系的基础。如果高校未能明确定义学生在跨文化交际方面需要达到的具体水平和技能，评价体系就难以建立在明确的基础之上。因此，高校在制定培养计划时应明确目标，明确学生应具备的知识、能力和素养。

第二，评价标准的设计应与培养目标相一致。评价体系应当细化到具体的知识和技能层面，以确保能够全面、准确地反映学生在跨文化交际方面的水平。例如，评价标准可以包括语言表达的准确性、文化适应能力、团队协作技能等方面，与培养目标形成有机衔接。

第三，评价体系需要具备灵活性，能够适应跨文化交际领域的多样性。跨文化交际涉及广泛的领域，包括语言、文化、社会交往等，评价体系应能够覆盖这些方面，确保评价的全面性和科学性。

（三）文化差异管理困难

1.教师文化敏感性培养

在涉及多元文化的教学环境中，教师文化敏感性的培养显得尤为重要。缺乏文化敏感性可能导致教师在处理不同文化背景学生之间的交往问题时显得力不从心，影响教学效果。因此，高校应通过专业培训和交流活动，着重增强教师的文化意识和跨文化交际能力。

一是，专业培训是提高教师文化敏感性的有效途径。培训课程可以涵盖文化心理学、跨文化沟通理论、多元文化教育等方面的知识，使教师对不同文化背景的学生有更深入地了解。培训还可以通过案例分析、角色扮演等方式，帮助教师在模拟情境中提高应对不同文化挑战的能力。

二是，交流活动是培养文化敏感性的实践性手段。教师可以参与国际学术交流、文化体验活动，亲身感受不同文化环境，增加对多元文化的体验和认知。

此外，学校还可以组织教师间的跨文化交流，促使教师分享在教学中的跨文化交际经验，提高彼此的文化敏感性。

三是，学校管理层可以通过制定相关政策和提供资源支持，为教师的文化敏感性培养提供更好的条件。例如，鼓励教师参与国际研讨会、提供经费支持，以促进他们在国际的学术交流。同时，为教师提供多元文化教材和资源，帮助他们更好地融入跨文化内容于教学中。

2.学生跨文化适应性培养

学生在跨文化交际中需要具备较强的适应性，因为文化差异可能导致交际障碍和误解。为了培养学生在不同文化环境下灵活应对的能力，高校应采取一系列措施，从课程设置到实践活动的层面进行有针对性地培养，提高学生的跨文化适应性。

一是，高校可以通过课程设置，特别是在跨文化交际相关的课程中，注重培养学生的文化敏感性和理解力。这可以包括介绍不同文化的历史、价值观、社会习惯等内容，使学生对多元文化有更深入地认识。同时，课程中可以引入案例分析、模拟情境等教学方法，让学生在虚拟的跨文化环境中进行实际操作，提高他们的跨文化适应性。

二是，实践活动在培养学生跨文化适应性方面起到关键作用。高校可以组织学生参与国际交流项目、实习经验或志愿者活动，让他们亲身体验不同文化背景下的生活和工作。通过实践，学生能够更直接地面对文化差异，提高适应新环境的能力，并增进对他人文化的理解。

三是，高校还可以通过跨学科合作的方式，将跨文化适应性培养融入各个学科中。例如，在语言学、人际关系学、心理学等专业中嵌入跨文化适应性的内容，形成全面的教育体系。这有助于学生更全面地理解和应对文化差异，提高他们的适应性水平。

四是，高校可以建立跨文化支持体系，为学生提供相关资源和服务。这包括提供文化咨询、语言支持、跨文化交流平台等，帮助学生更好地适应多元文化环境。建立这样的支持体系有助于在学校中形成鼓励跨文化适应性发展的文化氛围。

3.跨文化团队协作的培养

跨文化团队协作的培养在实际教学中面临一系列困难，包括沟通不畅、理解差异和潜在的冲突。为了有效培养学生在跨文化环境中的团队协作能力，高

校可以采取一系列措施，从设计团队项目到组织文化交流活动等多个方面入手，以提高学生的团队合作水平。

首先，高校可以通过课程设计引入跨文化团队项目。这种项目可以跨足不同文化领域，要求学生在团队中共同完成任务。这有助于学生更深入地理解和尊重不同文化背景的团队成员，同时锻炼他们解决跨文化问题的能力。项目的设计应注重任务分工、沟通机制等方面，以促使学生更好地协同合作。

其次，高校可以组织文化交流活动，让学生有机会在跨文化的社交场合中进行实际交流。这可以包括国际学生间的文化交流、主题讨论、文化展示等形式。通过这些活动，学生能够提升他们的社交技能，培养对其他文化的敏感性，为团队协作奠定更为积极的基础。

最后，在团队协作的培养中，高校还可以推动学生参与国际合作项目。这种项目通常要求学生与来自不同文化背景的团队成员共同合作，解决实际问题。通过这样的经验，学生能够更好地应对不同文化背景带来的挑战，同时增进对团队工作的理解。为了提高学生的团队协作技能，高校还可以在教学中注重团队建设和沟通技能的培养。引入团队动力学、冲突解决等内容，让学生更深入地了解团队协作的原理和技巧。此外，通过角色扮演、模拟情境等互动教学手段，激发学生的团队协作潜力，提高他们在跨文化环境中的团队协作能力。

第三章

高校英语教学中跨文化意识与知识的培养

第一节　跨文化意识的培养方法和技巧

跨文化意识的培养是高校英语教学中十分重要的一环。以下是一些培养跨文化意识的方法和技巧。

一、提供跨文化背景知识

跨文化背景知识的提供是培养学生跨文化意识的基础。教师可以通过系统地教学，向学生介绍其他国家或地区的历史、文化、宗教、价值观等方面的知识。通过深入了解，学生能够建立起对不同文化的基本认知，为跨文化交际打下坚实的知识基础，如图 3-1 所示。

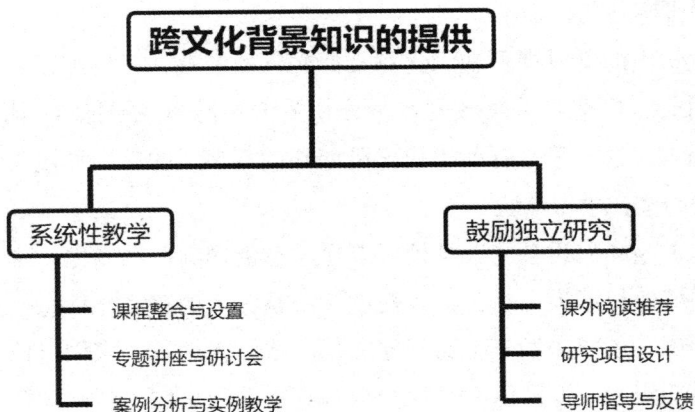

图 3-1　跨文化背景知识的提供架构图

（一）系统性教学

跨文化背景知识的系统性教学是培养学生跨文化意识的关键步骤。在设计系统性教学方案时，教师可以考虑以下三个层面。

1. 课程整合与设置

教师可以通过整合跨文化背景知识，巧妙设计与学科相关的专题课程或模块，为学生提供更为丰富和深入的学习体验。这一策略有助于打破传统学科的界限，使学生能够在学科学习的同时，全面了解不同文化的多个方面。

在课程整合的过程中，教师可以借助多学科的教学资源，将跨文化主题融入各类学科，涵盖历史、文学、艺术等多个领域。通过设置相关课程，学生可以深入学习不同文化的核心概念、价值观以及历史演变，从而形成更为全面和系统的跨文化认知。

这样的课程设计可以贯穿整个学年，通过分模块的方式逐步展开，确保学生在每个学科领域都有机会深入了解与该学科相关的跨文化内容。例如，通过文学课程，学生可以阅读来自不同文化背景的文学作品，了解不同社会背景下人们的生活和思考方式。在历史课程中，可以通过案例分析展示不同文化的发展轨迹及其相互影响。而在艺术课程中，学生可以通过欣赏和创作跨文化艺术作品，感受艺术对文化传承的重要性。

这种整合式的课程设置不仅拓宽了学生的学科视野，同时也为其提供了更为广泛的跨文化体验。通过在各学科领域引入跨文化元素，学生能够更深入地理解文化之间的联系和差异，培养出色的跨文化意识和交际能力。

2. 专题讲座与研讨会

为拓宽学生的学科视野和深化对其他文化的了解，高校可以定期组织专题讲座和研讨会，邀请相关领域的专家分享关于其他国家或地区的历史、文化、价值观等知识。这一策略有助于构建更加开放、多元的学术环境，为学生提供更为深刻的跨文化学习体验。

在专题讲座和研讨会中，学校可以通过邀请国际关系专家、文化学者、历史学家等领域的权威人士，为学生提供权威且深入的跨文化信息。这不仅能够传递专业知识，还能激发学生对其他文化的浓厚兴趣。专家们可以分享关于不同文化的核心概念、发展历程、社会结构等方面的见解，帮助学生建立起更为全面的文化认知。

此外，通过研讨会的形式，学生不仅能够听取专家的讲解，还可以参与讨论、提出问题，促进学术互动和思想碰撞。研讨会的开展有助于培养学生的批判性思维和团队协作能力，使他们能够更好地理解和应对跨文化挑战。

3.案例分析与实例教学

教师在高校英语教学中可以运用案例分析的方法，通过具体实例展示不同文化之间的交流情境，从而深化学生对跨文化交际的理解。案例分析是一种具体而生动的教学手段，有助于将抽象的文化概念具体化，为学生提供更为实际和可感知的学习体验。

通过案例分析，教师可以选择一些具有代表性的跨文化交际场景，例如国际商务会谈、文化冲突的解决、国际团队合作等，通过详实的案例呈现不同文化在交际中的特点和挑战。这有助于学生更深刻地理解文化之间的差异，从而培养其在跨文化环境中进行有效交际的能力。

在案例分析的过程中，教师可以引导学生通过分析案例，发现文化差异背后的原因，理解参与者的不同文化背景对于交际过程的影响。同时，学生还可以通过讨论案例中出现的问题，思考并提出解决方案，从而培养其解决实际跨文化挑战的能力。

此外，案例分析也可以结合实例教学，通过展示实际的交际情境，让学生更直观地感受文化差异。这可以包括视频案例、真实交际录音等形式，为学生提供生动的学习材料。通过这种方式，学生不仅能够了解理论知识，还能够通过实际案例感受到跨文化交际的真实挑战，进一步提升其实际应用能力。

（二）鼓励独立研究

鼓励学生进行独立研究是培养他们深入了解其他文化的有效途径。在这一层面，教师可以采取以下三种策略。

1.课外阅读推荐

在高校英语教学中，教师可以通过课外阅读推荐的方式，激发学生的兴趣，拓展他们对其他文化的认知，培养主动学习的能力。

为学生推荐相关书籍，包括但不限于跨文化交际、国际文化比较、国际商务等领域的经典著作。例如，爱德华·霍尔（Edward T. Hall）的《文化的隐喻》、吉尔特·霍夫斯泰德（Geert Hofstede）的《文化差异》等，这些著作涵盖了跨文化交际的理论基础和实际案例，对学生深入理解文化差异具有重要指导意义。

推荐学术期刊论文，引导学生深入了解跨文化研究的前沿和最新发展。期刊如《跨文化交际研究》《国际商务研究》等，提供了大量有关文化差异、国际交流策略等方面的学术论文，可供学生在课外深入阅读。

引导学生利用在线资源，包括跨文化交际专业网站、国际组织官方网站等。例如，文化解读、BBC 跨文化等网站提供了丰富的跨文化交际实例、文化差异分析等内容，有助于学生从多维度了解不同文化的特点。

鼓励学生参与跨文化论坛和在线社群，通过与其他国家或地区的学生进行互动，分享文化体验、交流见解。这样的参与不仅能够促进学生的跨文化交际技能，还有助于建立国际化的社交网络。

通过课外阅读推荐，学生可以根据个人兴趣和需求，深入挖掘其他文化的知识，培养主动学习的能力。这一策略不仅有助于拓宽学生的学科广度，还能够提升他们的文化素养和全球视野，为未来的跨文化交际和职业发展奠定坚实基础。

2. 研究项目设计

在高校英语教学中，设计跨文化研究项目是一种富有创意和实际价值的教学方法，它能够激发学生的兴趣，提升他们的跨文化意识和研究能力。这种项目的设计要注重以下四个方面。

（1）研究项目主题与选择

为了培养学生的主动学习兴趣，教师可以提供广泛的跨文化主题，鼓励学生根据个人兴趣和关注领域选择合适的研究主题。这可以包括文化差异、传统习俗、社会结构、语言特点等方面。

鼓励学生选择涉及不同地区或族群的文化进行研究，以确保项目的多样性。这有助于学生更全面地了解世界各地的文化，并拓宽他们的国际视野。

（2）研究项目设计

设计研究项目时，教师应引导学生制定明确的研究问题，确保问题具有深度和挑战性。例如，可以针对文化差异的具体方面提出问题，如沟通方式、家庭结构、社会礼仪等。

为了培养学生系统性的研究方法和科研能力，教师可以设计研究项目的步骤，包括文献综述、实地调查、数据收集与分析等环节。这有助于学生形成科学研究的思维模式。

（3）实地调查与数据收集

鼓励学生进行实地调查，亲身感受所选文化的环境，以获取原始数据。实地调查不仅可以让学生更深入地了解文化内涵，同时提升他们实地研究的能力。

引导学生选择合适的数据收集方法，如访谈、问卷调查、参与观察等。这有助于培养学生实际操作的数据收集和分析技能。

（4）跨文化比较与认知

要求学生在研究报告中进行跨文化比较，对比所选文化与他们自身文化的异同。这有助于促使学生形成对其他文化的深刻认知，并培养他们的比较分析能力。

鼓励学生思考研究结果对跨文化交际和理解的实际影响，培养他们对文化差异的应对策略和解决问题的能力。

通过以上研究项目设计，学生将在实际项目中深入研究并理解其他文化，形成扎实的跨文化意识和研究能力，为他们未来的学术和职业发展奠定基础。这种创新性的教学方法有望为学生提供更丰富的学习体验，培养他们全球公民的素养。

3. 导师指导与反馈

在学术研究中，导师的指导与反馈起着至关重要的作用。导师在学生的研究活动中扮演着引导者和评估者的角色，通过为学生提供指导和即时反馈，能够有效促进学生研究的深度和广度。

首先，导师的指导有助于学生规划研究方向。在研究初期，学生可能面临对研究领域的不确定性以及如何明确研究问题的困扰。导师通过与学生进行深入的讨论和交流，能够帮助他们更清晰地界定研究方向，明确研究目标和问题。导师的专业知识和经验为学生提供了宝贵的指引，使他们能够更有针对性地进行研究，确保研究方向的科学性和可行性。

其次，导师的指导有助于学生整理相关资料。在研究过程中，学生需要广泛查阅文献、整理相关资料，以支撑其研究的理论基础。导师通过引导学生确定合适的文献和资料来源，指导学生筛选和整理关键信息，帮助其建立系统的文献框架。这有助于学生在研究中准确把握前人研究成果，为自己的研究提供有力支持。

最后，也是最重要的一点，即导师的及时反馈对学生的研究活动具有促进

作用。导师通过对学生提出的问题、研究计划和初步成果进行评价和反馈，能够帮助学生及时发现问题、纠正偏差，提高研究的质量。及时反馈还有助于激发学生的学术兴趣和研究热情，促使他们更加努力地投入到研究工作中。导师的反馈还可以为学生提供新的思路和建议，拓展他们的研究思维，使研究更具创新性和深度。

二、引导学生进行反思与对比

培养学生的跨文化意识需要他们具备主动思考和对比的能力。教师可以通过以下方式引导学生进行反思，如图 3-2 所示。

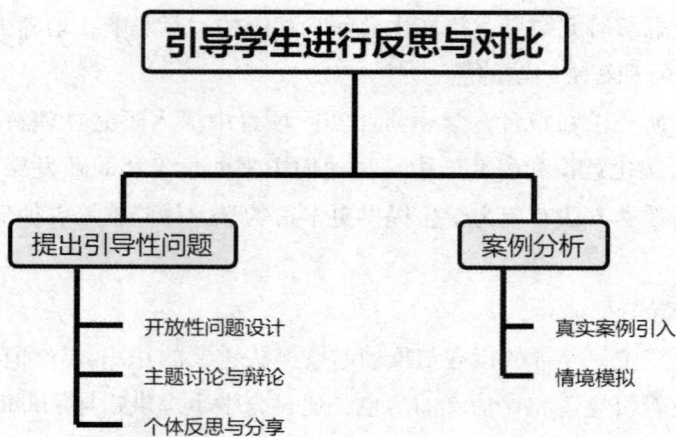

图 3-2　引导学生进行反思与对比架构图

（一）提出引导性问题

跨文化意识的培养需要学生具备主动思考和对比的能力，而提出引导性问题是促使学生展开思考的有效途径。在这一层面，教师可以采用以下三种方法。

1. 开放性问题设计

通过设计富有启发性的开放性问题，可以有效引导学生深入思考并主动探索自身文化与其他文化之间的差异与相似之处。这些问题的设计应覆盖多个方面，包括日常生活、社会习惯、价值观念等，旨在激发学生的思考和探索欲望。

一是，可以设计与日常生活相关的问题，例如："在你的文化中，家庭聚餐是一个重要的社交活动吗？如果是，它在你的文化中有着怎样的意义？与其他文化相比，你觉得存在哪些差异或相似之处？"这样的问题可以引导学生思考

不同文化对待日常活动的态度和习惯，从而加深对文化差异的理解。

二是，社会习惯方面的问题也是富有启发性的设计方向。例如："在你的文化中，人们对待陌生人的态度是怎样的？是否存在特殊的社交规则？与其他文化相比，这些规则有何异同之处？"通过这类问题，学生可以深入思考文化之间在社交行为上的差异，加深对文化差异的敏感性。

三是，涉及价值观念的问题也是设计开放性问题的重要方向。例如："你所在的文化对成功的定义是什么？成功与幸福之间存在着怎样的关系？在其他文化中，你认为人们对成功和幸福有着怎样的理解？"这类问题能够引导学生思考文化对于核心价值观念的影响，以及不同文化在这方面的差异和相似之处。

2. 主题讨论与辩论

通过组织学生参与跨文化主题的讨论和辩论，教师能够促使学生从多个角度深入探讨文化差异，激发其思辨能力和批判性思维。这种教学方法有助于培养学生对跨文化问题的敏感性，并提升他们在跨文化交际中的理解和适应能力。

一是，通过提出有争议性的问题，教师能够引导学生思考和表达对文化差异的不同看法。例如，可以提出类似于"文化差异是丰富多彩的还是可能导致冲突的？"这样的问题，激发学生对文化多样性的理解，同时引导他们关注文化差异可能引发的挑战与机遇。

二是，学生在参与讨论和辩论的过程中，将不同文化观点相互交流并辩论。这种交流过程旨在培养学生从多元文化角度思考问题的能力，帮助他们更好地理解和尊重他人的观点。例如，可以就"个人主义与集体主义的文化差异对社会组织的影响"这一主题展开深入的讨论，从而促使学生思考文化对社会结构的塑造作用。

三是，通过组织跨文化辩论，学生不仅能够学会表达自己的观点，还能够学会倾听并尊重他人的声音。这种辩论过程有助于培养学生在团队中协作的能力，提升他们在跨文化团队中的沟通和合作技能。例如，可以让学生辩论"在国际商务中，文化差异是合作的催化剂还是障碍？"以促使他们思考文化差异在商业领域中的影响。

3. 个体反思与分享

鼓励学生进行个体反思，并以书面或口头方式表达对自身文化认知的变化以及对其他文化的理解，是培养跨文化交际能力的重要环节。这种反思和分享

的过程旨在帮助学生深入思考自己在跨文化学习中的体验，并通过与他人的分享形成更全面的视野。

个体反思的重点可以包括个人在跨文化交际中遇到的困难、获得的成就，以及对自身文化认知的深化等方面。例如，学生可以思考在与其他文化背景的人交往中，自己是否曾经有过文化冲突的经历，以及这些经历对于个人成长和认知的影响。通过书写反思，学生能够更清晰地认识到自己的文化观念和偏见，为更好地适应跨文化环境提供有益的启示。

此外，通过分享这些个体反思的内容，学生有机会从他人的经验中获取启示，促进彼此之间的交流与理解。这种经验分享可以进行在课堂上、小组讨论中或在线平台上，让学生有更广泛的机会展示他们的学习成果。通过分享，学生可以了解到其他同学在跨文化学习中的独特见解，拓宽自己的视野，同时也可以为其他同学提供有关文化认知的新观点。

在这个过程中，教师可以引导学生深入思考，并提出引导性的问题，例如："你在与其他文化交往中的感受有哪些变化？""通过这次经历，你对文化多样性有了什么新的认识？"等。这些问题有助于学生更系统地思考自己的文化认知变化，并将这些变化与跨文化交际能力的提升联系起来。

通过个体反思与分享，学生将不仅仅在理论层面上对跨文化交际有更深刻地认识，同时在情感层面上建立起对其他文化的更加敏感和尊重的态度。这种个体经验的分享过程不仅有助于学生自身的成长，也为整个学习群体创造了一个更加丰富、开放的学习氛围。

（二）案例分析

引入具体的案例分析是培养学生对文化差异理解的有效手段。在这一方面，教师可以运用以下三种策略。

1. 真实案例引入

引入真实的跨文化交际案例是培养学生跨文化交际能力的一种有效方式。通过让学生了解在实际生活中发生的文化冲突、误解或成功交流的案例，他们能够更深入地认识文化差异对交际的实际影响。

以一个真实案例为例，考虑一位国际商务专业的学生在实习中与来自不同文化背景的同事合作的情况。在项目进行中，由于双方对工作的理解方式存在差异，产生了一些沟通障碍。学生可能因为不了解对方文化中的默契和沟通方

式而感到困惑，而同事可能觉得学生的表达方式过于直接或冷漠。

通过深入分析这个案例，学生可以了解到文化因素在商务环境中可能引发的问题。这不仅包括语言表达的差异，还涉及工作方式、决策方式以及对待时间的观念等方面。学生可以从这个案例中学到，在跨文化交际中，除了语言，还需要关注文化的各个方面，以更好地理解和适应不同文化的工作环境。

此外，通过分析成功的跨文化交际案例，学生也能够获取宝贵的经验。例如，在国际合作中，一组跨文化团队成功完成一个项目的案例。在这个案例中，团队成员通过深入了解对方文化，设立明确的沟通渠道，有效地解决了文化差异可能带来的挑战，最终达成了共同的目标。

这些真实案例的引入不仅能够增加学生对跨文化交际问题的认识，还能够激发他们的兴趣，促使他们更加主动地参与到课程学习中。通过讨论和分析这些案例，学生能够更全面地理解跨文化交际的复杂性，培养对不同文化的敏感性，并提高解决文化冲突的能力。

2. 情景模拟

情景模拟是一种有效的教学方法，能够帮助学生更深入地参与跨文化对话和互动，从而提高他们的跨文化交际能力。通过模拟特定文化情境，学生能够在虚拟的环境中体验文化差异，增强对跨文化交际的适应能力。

在情景模拟中，可以设立不同的场景，例如商务谈判、国际会议、文化交流活动等，让学生扮演特定文化角色并进行对话。这种模拟不仅能够让学生直接参与，还能够观察和分析模拟过程中产生的文化差异，从而更好地理解跨文化交际的挑战。

以一例情景模拟为例，设想一群学生在模拟国际商务谈判的场景中。学生们被分配到不同的国家角色，每个国家代表团都有其独特的商务文化和谈判风格。在谈判过程中，学生可能会面临语言表达方式、谈判策略、决策方式等方面的文化差异。通过这样的模拟，学生不仅能够体验到实际情境中的文化挑战，还能够学会在跨文化环境中灵活应对，促进有效地沟通和合作。

情景模拟的教学设计应注重真实性和多样性。可以设计不同行业、不同场景的模拟情境，让学生接触到多种文化交际情境，提高他们的应对多元文化的能力。同时，引导学生在模拟后进行反思，分析模拟过程中出现的文化冲突、解决方案以及个体在跨文化环境中的表现，促使其从实践中深刻领悟跨文化交

际的要点。

情景模拟不仅使学生在虚拟环境中体验跨文化交际，还培养了他们解决问题、团队协作和文化适应的能力。这样的教学方法旨在通过实际参与和体验，使学生更好地理解和应用跨文化交际能力，为将来在国际化的环境中更成功地应对各种挑战打下坚实的基础。

3. 多角度分析

在跨文化交际教学中，引导学生从多个角度对案例进行分析是一种有效的教学策略。这种方法有助于学生更全面地理解文化差异的复杂性，培养他们综合分析问题的能力。从多个角度分析跨文化交际案例涉及文化背景、语境因素、价值观等多个维度，以下是对这些角度的详细分析：

一是，文化背景是分析跨文化交际案例的重要维度之一。学生需要了解不同文化的历史、传统、社会结构等方面的信息，以把握对方的文化根基。文化背景的分析有助于学生理解为什么人们在某些情境下会表现出特定的行为，以及这些行为背后的文化逻辑是什么。

二是，语境因素也是必须考虑的角度之一。语境因素包括交际的时间、地点、参与者等，对于理解信息传递和行为的含义至关重要。通过对语境因素的综合考虑，学生可以更好地分析跨文化交际中可能出现的误解，从而提高适应性和灵活性。

三是，价值观是另一个需要重点关注的角度。不同文化对于家庭、权威、个人自由等价值观有着差异，而这些差异可能引发跨文化交际中的冲突。学生应该学会分析案例中涉及的价值观，并思考这些价值观对交际双方行为和决策的影响。

在多角度分析中，还可以考虑到非语言交际、社会习惯、心理学因素等多个层面。非语言交际包括肢体语言、面部表情等，对于理解文化差异至关重要。社会习惯涉及在特定文化中被认为是合适的行为，而心理学因素则关注个体的认知、情感和动机等方面。

三、鼓励学生亲身体验

为了促使学生更深入地了解跨文化交际，鼓励学生亲身体验是至关重要的。以下是组织实地考察和文化体验活动的具体方法和策略，如图 3-3 所示。

```
          ┌─────────────────────────┐
          │     鼓励学生亲身体验       │
          └─────────────────────────┘
                      │
        ┌─────────────┴─────────────┐
   ┌──────────┐              ┌──────────┐
   │ 组织实地考察 │              │ 文化体验活动 │
   └──────────┘              └──────────┘
        │                          │
     社会观察与记录              传统节日参与
     企业或机构访问              手工艺学习
     跨文化交流活动              地道美食品鉴
```

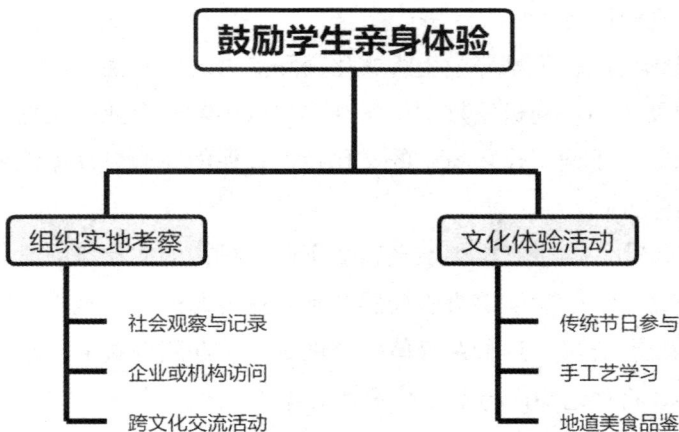

图 3-3 鼓励学生亲身体验架构图

（一）组织实地考察

为了培养学生对跨文化交际的真实感知，教师可以采用以下三种方法鼓励学生亲身体验。

1.社会观察与记录

社会观察与记录是一种有力的教学手段，可以帮助学生更深入地了解不同文化的方方面面。在高校英语教学中，通过引导学生前往不同文化社区或场所进行社会观察和记录，可以激发学生的跨文化兴趣，提高他们的文化认知水平。

一是，社会观察与记录为学生提供了实地学习的机会。通过亲身走访不同文化社区，学生可以观察到当地人的日常生活、社交行为、文化活动等方方面面。这种实地学习有助于将理论知识与实际情境相结合，使学生更加全面地了解文化的内涵。

二是，社会观察与记录可以培养学生的观察力和记录能力。在观察不同文化社区时，学生需要注意细节，捕捉文化差异的微妙之处。通过记录这些观察结果，学生可以形成系统地观察报告，进一步加深对文化的理解。这种能力的培养对于学生未来从事跨文化工作或研究具有重要意义。

三是,社会观察与记录还有助于培养学生的跨文化沟通技能。在实地观察中，学生可能需要与当地人进行简单的交流，这锻炼了他们在不同文化环境下的沟通能力。通过与当地人互动，学生能够更好地理解文化差异，并在实践中提升语言运用的能力。

2. 企业或机构访问

企业或机构访问作为培养学生跨文化交际能力的实践性方法，在高校英语教学中具有重要价值。通过安排学生参观本地或国际性企业、文化机构等，旨在让学生深入了解不同工作环境中的文化特点，促使他们更具体地理解跨文化交际的实际运作方式。

在这一实践中，学生有机会亲身感受企业或机构的文化氛围。通过身临其境地参观工作场所，学生能够直观地感知到企业内部的工作氛围、团队文化以及员工之间的交往方式。这种亲身体验有助于学生深刻理解文化是如何在工作场所中体现的，将理论知识与实际经验相结合。

此外，企业或机构访问也提供了学生了解组织架构的机会。学生可以观察企业内部的组织结构、沟通流程、决策模式等方面的实际运作情况。通过对组织架构的深入了解，学生能够更好地把握不同文化工作环境中的组织文化，为未来的职业生涯做好准备。

最重要的是，学生通过企业或机构访问能够直接接触并了解跨文化交际在实际工作中的运作方式。通过与企业内部人员的交流，学生能够直接体验不同文化背景下的沟通模式、领导与员工的互动方式等。这种实际互动有助于培养学生在跨文化环境中主动沟通、协作的能力。

3. 跨文化交流活动

组织学生参与跨文化交流活动是培养其跨文化交际能力的重要途径，通过面对面的交流，学生能够更直接、实际地感受不同文化背景下的交际挑战与机遇。这种实践性的学习方法不仅有助于提升学生的交际能力，还能促进他们的文化理解和尊重差异的态度。

在跨文化交流活动中，语言交流是其中的重要组成部分。学生有机会与母语非英语的人员进行实际对话，从而锻炼语言表达能力和听力理解能力。这种实际语言交流不仅能够提高学生的语言水平，还能够让他们更深刻地理解语言背后的文化内涵，促进跨文化交际的深度。

此外，小组讨论也是跨文化交流活动中常见的形式。通过参与小组讨论，学生能够在小组内部分享彼此的文化经验、观点和看法。这种互动不仅有助于学生更全面地认识不同文化的多样性，还能够培养他们的团队合作和协商能力，从而更好地适应多元文化环境。

文化分享活动是另一种促进跨文化交流的方式。在这种活动中，学生可以通过展示自己的文化特色，向其他人介绍自己的文化传统、习俗和价值观。这种分享不仅能够增进文化交流的互动性，还能够让学生更深入地了解其他文化，促进文化认知的提升。

（二）文化体验活动

文化体验活动是培养学生对其他文化深入理解的有效手段，教师可以采用以下三种策略。

1. 传统节日参与

组织学生参与其他国家的传统节日庆典是一种丰富多彩的跨文化体验，通过亲身参与当地的文化庆典，学生能够更深入地了解其他文化的价值观和庆祝方式。这种经历不仅为学生提供了与其他文化互动的机会，还促使他们更全面地理解和尊重不同文化的独特性。

在传统节日参与活动中，学生能够亲身感受其他文化的节庆氛围。参与当地的庆典活动，如巡游、庙会、舞蹈表演等，使学生更加贴近当地居民的生活方式和文化传统。这样的亲身体验有助于打破学生对于陌生文化的刻板印象，让他们更加真实地感受其他文化的独特魅力。

此外，传统节日参与也是一种促进文化交流和理解的有效途径。在参与庆典过程中，学生将与当地居民进行互动，与他们共同庆祝活动，分享彼此的文化传统。这种互动不仅能够促进友谊的建立，还有助于学生更深入地理解其他文化的背后所蕴含的价值观和信仰体系。

通过这种形式的跨文化体验，学生将培养对其他文化的敏感性和开放性。他们能够更加客观地认识其他国家的文化传统，理解其中的深层次含义。这对于提高学生的跨文化交际能力，促使他们更好地适应多元文化环境，具有积极而深远的影响。

2. 手工艺学习

安排学生学习其他国家的传统手工艺或艺术形式是一种独特而有意义的跨文化体验，通过亲身参与这些技能的学习，学生可以更全面地理解其他文化的创造性表达方式。这种学习活动不仅拓展了学生的技能领域，还促使他们更深入地了解其他文化的艺术传统和审美观。

在传统手工艺学习中，学生有机会探索并体验其他文化的独特工艺技能。

例如，学习其他国家的传统绘画，可以使学生领略到不同文化对色彩、形式和图案的独特诠释。通过亲手制作传统手工艺品，学生能够深入了解其中的文化内涵和艺术价值。这种实践性的学习体验不仅使学生掌握了具体的手工技能，更让他们在创作过程中感受到其他文化的审美理念和创造力。

此外，传统手工艺学习也为学生提供了与其他文化艺术家互动的机会。通过与具有传统手工艺经验的艺术家学习，学生能够借鉴他们的技艺、了解他们的创作灵感，从而更好地理解其他文化的艺术传统。这种师生互动的方式不仅促进了跨文化的合作，还加深了学生对其他文化创意和艺术背后文化内涵的理解。

传统手工艺学习对于培养学生的创造性思维和审美情感也具有积极作用。学生在学习过程中需要思考如何将自己的理解和体验融入手工艺品的创作中，这培养了他们的创造性思维和创作能力。同时，通过欣赏其他文化的手工艺作品，学生能够拓宽自己的审美视野，培养更开放、包容的艺术观念。

3. 地道美食品鉴

组织学生参与其他文化的美食品鉴活动是一种丰富而生动的跨文化体验，通过品尝当地特色食物，学生能够深切地感受到食物背后蕴含的文化故事，从而增进对其他文化的全面理解。这种活动不仅激发了学生对多元文化的好奇心，还通过味觉体验实现了对文化的深层次融入。

美食品鉴活动让学生在享受美味的同时，直观地感受到其他文化的独特之处。通过品尝当地的特色食物，学生能够了解到其他文化的烹饪技艺、食材运用以及饮食习惯。美食往往是一个文化的代表，通过品味当地特色，学生将更深入地理解其他文化的历史、地理，甚至是社会结构。

此外，美食品鉴活动也为学生提供了与其他文化交流的社交场合。在品尝美食的同时，学生可以与来自其他文化背景的同学或社区成员进行交流，分享彼此对美食的喜好和体验。这种面对面的交流能够促进友谊的建立，打破文化间的隔阂，为更深层次的跨文化理解奠定基础。

值得注意的是，美食品鉴活动也能够激发学生对可持续发展和环境保护的关注。通过了解其他文化的饮食文化，学生可以认识到不同文化对于食物的认知和对待方式，从而引发对全球食物资源分配和消费习惯的思考。这有助于培养学生更广阔的全球视野和环保意识。

四、促进多元文化的学生互动

学生之间的互动是培养跨文化意识的重要途径。教师可以通过以下方式促进学生的多元文化互动，如图 3-4 所示。

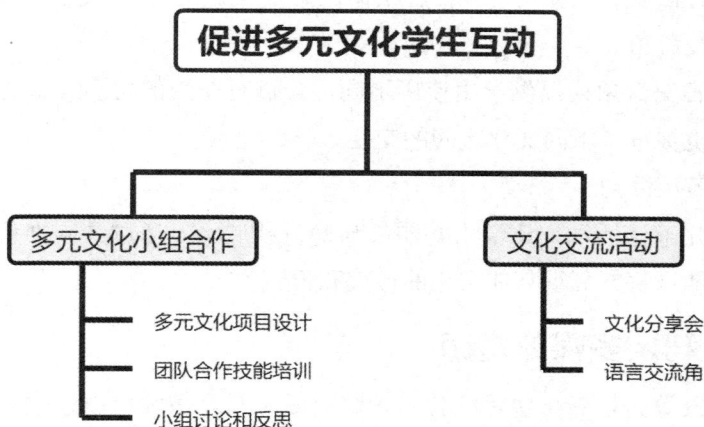

图 3-4　促进多元文化学生互动的架构图

（一）多元文化小组合作

促进学生的多元文化互动可以通过以下三种方式实现。

1. 多元文化项目设计

教师在课程中设计多元文化项目，鼓励学生组成跨文化小组。这样的项目可以涉及不同文化的研究、分析或合作，使学生在小组合作中不仅学到学科知识，同时培养了了解和尊重其他文化的能力。

2. 团队合作技能培训

提供团队合作技能培训，帮助学生更好地理解和适应多元文化小组的工作方式。培训内容可以包括有效沟通、冲突解决、团队建设等方面，以提高团队协作效果。

3. 小组讨论和反思

定期组织小组讨论，让学生分享在合作过程中的体验和挑战。通过小组反思，学生可以更深入地理解多元文化团队合作的价值和意义。

（二）文化交流活动

推动学生之间的文化交流活动，有助于打破文化隔阂，促使学生更好地理

解和尊重其他文化。

1. 文化分享会

定期组织文化分享会，鼓励学生主动分享自己的文化特色，包括语言、风俗、节日等。这种活动可以促使学生在轻松愉快的氛围中交流，增进文化认知。

2. 语言交流角

设立语言交流角，提供学生使用不同语言进行交流的机会。这有助于语言学习，同时也促进了不同文化之间的交往。

3. 文化节庆活动

组织文化节庆活动，让学生共同参与筹备和展示。通过共同准备活动，学生可以更好地理解并尊重其他文化的传统和价值。

五、利用多媒体资源

多媒体资源是培养学生跨文化意识的有效工具。教师可以通过以下两种方式利用多媒体资源，如图 3-5 所示。

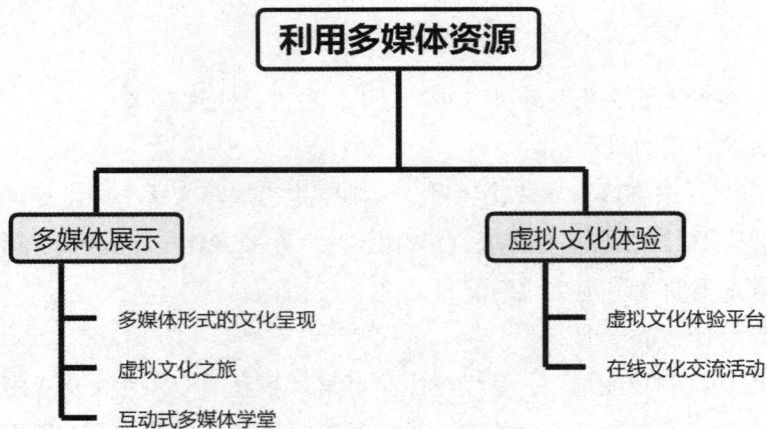

图 3-5　利用多媒体资源架构图

（一）多媒体展示

利用多媒体资源进行跨文化意识的培养是一种生动而直观的方法。

1. 多媒体形式的文化呈现

教师可以通过丰富多彩的多媒体展示，包括精选的视频片段、音频记录和精美图片，向学生展示其他国家或地区的文化特色、风土人情等。这样的展示

方式能够更生动地传达文化信息，激发学生的兴趣。

2. 虚拟文化之旅

利用虚拟现实技术，为学生打造虚拟的文化体验环境。通过在线平台或应用程序，学生可以在虚拟的世界中漫游，感受异国他乡的氛围，增进对其他文化的了解。这种虚拟文化之旅可以拓宽学生的视野，提高跨文化认知。

3. 互动式多媒体学堂

教师可以设计互动式多媒体学堂，引导学生通过多媒体资源与其他同学分享自己对文化的认知。这样的互动形式不仅促进了学生之间的交流，也为他们提供了展示和表达的平台。

（二）虚拟文化体验

虚拟文化体验是通过科技手段帮助学生更深入地感受其他文化的一种方法。

1. 虚拟文化体验平台

教师可以引导学生使用在线虚拟文化体验平台，如虚拟博物馆、文化展览等。学生可以通过这些平台近乎真实地了解其他文化的历史、艺术、传统等，提高他们的文化敏感性。

2. 在线文化交流活动

利用在线平台组织跨文化的文化交流活动，让学生与来自其他国家或地区的学生进行虚拟互动。通过在线对话、合作项目等形式，学生可以在虚拟环境中与不同文化的同龄人交流，促进跨文化交际技能的培养。

3. 跨文化沉浸体验

借助虚拟现实技术，创造一个沉浸式的文化体验环境。通过虚拟现实头戴设备，学生可以仿佛置身于其他文化中，感受当地的景观、氛围和生活场景，从而深刻地体验和理解其他文化。

第二节　跨文化知识的教学策略与资源开发

一、整合跨文化元素的课程设计

（一）跨文化课程融入高校英语教学

1.课程设计的整体思路

在高校英语课程设计中，跨文化课程的融入需要以全局的视角来考虑。先要确定整体的课程思路，明确培养学生跨文化交际能力的核心目标。这包括语言能力的提升、文化意识的培养以及实际应用能力的锻炼。

2.语言与文化的有机结合

在具体课程内容设计上，注重语言与文化的有机结合。通过选取涉及不同文化的语言材料，教师可以引导学生学习语言背后的文化内涵。例如，通过分析特定文化中的表达方式、习惯用语等，学生能够更全面地理解和运用所学的语言知识。

3.实地考察与实践活动

为了加强学生的实际体验，可以设计实地考察和实践活动。通过参观具有不同文化特色的地方或参与文化活动，学生能够亲身感受并应用所学的跨文化知识。这种实践性的学习方式有助于将理论知识与实际情境相结合。

（二）实际案例的引入

1.案例选择的原则

在引入实际案例时，应遵循选择真实、具有代表性的案例的原则。案例应涵盖不同领域、行业或生活情境，以确保学生能够从多个角度了解文化差异的影响。这有助于培养学生的综合分析和解决问题的能力。

2.案例分析的深度

引导学生深入分析案例，探讨其中涉及的文化冲突、交流障碍以及成功交流的因素。通过讨论案例，学生能够逐步理解跨文化交际的复杂性，培养敏锐

的观察力和分析能力。

3.案例与理论的结合

将案例与理论知识相结合，使学生能够将具体案例中的问题联系到跨文化交际理论。这种结合可以帮助学生更好地理解理论知识的实际应用，并在实际情境中灵活运用所学的概念。

（三）讨论课与小组项目

1.讨论课的组织方式

讨论课的组织应注重学生的参与和思辨。通过设定有深度的跨文化主题，教师可以引导学生自由发表观点、分享经验，并通过互动讨论促使学生深入思考。这种开放性的讨论有助于拓宽学生的视野，培养他们的跨文化思维。

2.小组项目的设计

小组项目可以包括对具体文化现象的调查研究、跨文化交际方案的制定等。通过小组合作，学生能够共同解决跨文化交际中的实际问题，培养团队协作和组织管理的能力。

3.反馈和总结

在讨论课和小组项目结束后，进行及时的反馈和总结。通过教师的指导和点评，学生能够更好地理解和吸收课程中学到的知识，及时纠正可能存在的误区。定期总结讨论课和小组项目的经验，有助于学生在实际操作中不断提升跨文化交际的能力。

二、跨文化资源的收集和利用

（一）多元化的教材引入

1.文化元素的融入教材设计

教师在课程设计中应注重融入多元文化元素，选择包含丰富文化元素的教材。这些教材不仅要涵盖各种语境下的语言运用，还要呈现不同文化的价值观、习俗和沟通方式。通过对这些文化元素的深入学习，学生能更好地理解跨文化交际的复杂性。

2.真实案例的引用

引入真实案例作为教材的一部分，可以使学生更加直观地感受到跨文化交

际中可能遇到的问题和挑战。案例既可以包括成功的跨文化交流经验，也应包括文化误解和冲突的案例，以帮助学生更全面地理解跨文化现象。

3. 多模式教学的实践

结合多种教学模式，如多媒体、在线资源等，拓展教材呈现的形式。通过视频、音频等形式展示真实的语言和文化表达，激发学生的学习兴趣，提高他们的学习体验。

（二）国际合作项目的推动

1. 联合课程设计

推动国际合作项目的一种方式是设计联合课程。通过与其他国家大学合作，开设跨文化交际相关的课程。这样的课程可以由来自不同文化背景的教师共同设计和教授，为学生提供更广泛的视角。

2. 文化交流项目的实施

发起文化交流项目，让学生参与实际的文化交流活动。这可以包括线上或线下的项目，例如学生互相交流文化、分享日常生活经验等。这样的项目旨在让学生亲身体验不同文化，促进跨文化认知的深度发展。

（三）跨文化交流活动的组织

1. 国际文化节的策划

学校可定期组织国际文化节，为学生提供展示和了解不同文化的平台。学生可以通过展示传统服饰、表演传统舞蹈、制作传统美食等方式，深入了解并传递各自文化的独特之处。

2. 语言角和文化沙龙的设立

创建语言角和文化沙龙，为学生提供自由交流的场所。在这些场合，学生可以自由使用外语，分享自己的文化见解，提升语言和文化的实际运用能力。

第三节　跨文化对比与对话的实践活动设计

一、设计实际案例和模拟情境

（一）实际案例的深入分析

1. 案例选择的原则

在设计实际案例时，应当遵循代表性和启发性的原则。这两个原则的结合能够确保学生面临具体而有实际意义的文化对比情境，从而促使他们深入思考文化差异的实际影响。

首先，代表性原则要求所选取的案例能够代表不同文化背景下可能发生的典型情境。例如，选择国际商务谈判作为案例，能够涵盖商业和职场领域中的文化因素，因为在跨国商务中，涉及不同国家的商业文化和交际方式，而谈判过程中的文化差异可能对谈判结果产生深远影响。此外，还可以选取文化导致的团队合作问题，以展示在多元文化团队中可能出现的沟通、理解和协作方面的挑战。

其次，启发性原则要求案例能够启发学生主动思考和学习。通过设计富有启发性的案例，学生能够在具体情境中体验文化冲突、误解或成功交流的例子，从而激发他们的兴趣和主动性。例如，在国际商务谈判案例中，学生除了了解商务流程外，还能深入思考文化因素对谈判策略和结果的影响，培养批判性思维和解决问题的能力。在文化导致的团队合作问题中，学生可以通过案例分析，思考如何改善团队的跨文化沟通和协作，从而形成对于团队领导和管理的实际见解。

2. 文化差异对案例的影响

深入分析案例时，必须关注文化差异对实际情境的多方面影响，从而培养学生对文化差异的敏感性和深刻理解。

第一，语言表达方面的差异是文化差异对案例影响的一个关键点。不同文化拥有独特的语言体系、语法结构和交际方式，这可能导致在跨文化交流中产

生理解障碍。在案例分析中，学生需要注意不同文化的语言习惯，比如直接与间接的表达方式、言辞的正式与非正式等。通过案例学习，学生可以深刻理解语言差异对沟通效果的影响，从而更好地适应跨文化交际的语境。

第二，决策风格的文化差异也是一个重要方面。不同文化可能对问题的看法、决策的方式存在显著不同。在案例中，学生需要关注文化因素对决策制定和执行的影响，了解文化背景如何影响个体和团队的决策风格。通过深入的案例分析，学生能够认识到文化因素如何塑造决策者的思维方式，提高他们在跨文化环境中的决策灵活性。

第三，沟通方式的文化差异也是案例分析中的关键要素。不同文化对于言语、非言语和上下文的理解方式存在差异，这可能导致误解和沟通障碍。在案例中，学生需要审视不同文化之间的沟通模式，包括正式与非正式的沟通、表达意见的方式等。通过案例的深入剖析，学生能够领悟文化背景对沟通效果的影响，提升他们在跨文化沟通中的敏感性和应变能力。

3. 复杂情境的思考与应对

案例的深入分析应当引导学生思考文化差异引起的复杂情境，并培养他们在这类情境下应对问题的能力。这一过程旨在通过借鉴成功案例、提出解决方案等方法，培养学生的实际问题解决能力，使其能够更好地应对跨文化交际中的复杂挑战。

一是，学生在深入分析案例时需要审视其中的文化差异引起的各种复杂情境。这可能涉及语言交流的困难、决策冲突、沟通障碍等方面。学生应当能够辨识出这些复杂情境，并理解文化因素如何深刻地影响着问题的产生和发展。

二是，学生需要学会借鉴成功案例。通过研究成功的跨文化交际案例，学生可以汲取有益的经验和解决问题的方法。这有助于他们在类似情境下迅速定位问题、找到解决方案，并更好地理解文化因素对问题解决的影响。

三是，学生应当培养提出解决方案的能力。深入分析文化差异引起的复杂情境后，学生需要具备独立思考和提出解决方案的能力。这包括了解不同文化的价值观，调解决策冲突，采用有效的沟通策略等。通过这一过程，学生将能够更好地适应多元文化环境，为实际问题提供创造性的解决方案。

四是，学生应当在实际情境中应用所学。培养学生的实际问题解决能力不仅仅是为了应对理论层面的挑战，更是为了使他们能够在真实的跨文化交际中

灵活应对。通过实践，学生将能够验证他们所学的理论知识，并不断完善自己的跨文化交际技能。

（二）模拟情境的设计与引导

1.确保模拟情境真实性

在制定模拟情境时，确保情境的真实性是至关重要的，这样可以使学生在虚拟环境中真实地体验文化交流，从而更好地理解文化差异的根本原因。

首先，模拟情境应该反映真实的文化背景。这包括语境、社会习惯、交际方式等方面。通过精心设计的模拟情境，学生能够感受到真实文化交流中的复杂性和多样性，从而更好地适应实际情境。

其次，情境中的角色扮演要具有高度的真实性。角色扮演是模拟情境的关键组成部分，学生通过扮演不同文化背景的角色，可以更深入地理解文化差异。确保角色的设定、台词和行为符合真实文化特点，有助于提高模拟情境的效果。

再次，考虑情境的复杂性和变化性。真实的文化交流情境往往是复杂多变的，模拟情境应该能够反映这种复杂性。引入意外因素、文化冲突、语境变化等元素，可以使模拟情境更贴近真实，让学生更好地应对实际文化交流中的挑战。

最后，引导学生进行反思。在模拟情境结束后，及时引导学生对体验进行反思。通过讨论、写作等方式，学生能够深入分析模拟情境中的文化差异，从而更好地理解其根本原因，形成对跨文化交际的深刻认识。

2.引导学生思考与讨论

模拟情境的设计不仅要考虑情境本身的真实性，还应包括引导学生思考和讨论的环节。这一环节的设计旨在通过提出问题、激发思考，引导学生深入了解文化差异的原因，促使他们在讨论中形成对文化对比的深刻理解。

一是，引导学生思考文化差异的背后原因。通过提出开放性问题，例如"文化差异对沟通有哪些影响？"或"为什么不同文化会在某些价值观念上存在差异？"等，教师可以引导学生深入思考文化差异的根本原因。这有助于培养学生的分析思维和对抽象概念的理解。

二是，通过小组讨论的形式促进学生交流。将学生分成小组，让他们就模拟情境中遇到的文化差异问题展开讨论。在讨论中，学生能够分享彼此的观点、经验和解决方案，从而深化对文化差异的理解。

三是，教师还可以引导学生从不同角度思考文化对比。通过提出针对性问题，

例如"从语言、行为习惯和社会结构的角度，文化差异如何表现？"等，引导学生从多个角度思考文化差异的方方面面。这有助于培养学生的多元思考能力。

四是，通过总结和反思，巩固学生对文化对比的理解。教师可以引导学生对讨论过程和结论进行总结，要求他们反思自己在模拟情境中的表现以及对文化差异认知的变化。这有助于学生形成更为全面和深刻的文化对比认知。

3.跨文化对话的实际体验

学生通过参与模拟情境的角色扮演、小组讨论等方式，得以在实际体验中进行跨文化对话。这样的实践活动在提高学生的沟通技能和文化适应力方面具有显著的作用。

一是，通过角色扮演，学生能够亲身体验在特定文化情境下的对话。在这个过程中，他们需要模拟特定文化中的沟通方式、语言表达以及社交规范，从而更深刻地理解文化差异对对话的影响。这种实际体验有助于培养学生的观察力和模拟能力，提高他们在跨文化对话中的适应能力。

二是，小组讨论为学生提供了一个集体思考和分享经验的平台。在小组中，学生可以与来自不同文化背景的同学交流思想，分享对跨文化对话的见解和体验。这促进了学生在协作中学习的机会，帮助他们更全面地理解不同文化间的交流挑战，从而更好地适应跨文化环境。

这些实际体验的活动旨在通过真实模拟情境，让学生深入了解文化对对话的实际影响。这种经验式学习不仅有助于提升学生的沟通技能，还培养了他们在跨文化环境中主动适应和处理复杂对话情境的能力。

（三）实际案例和模拟情境相结合

将实际案例和模拟情境相结合，是一种旨在全面培养学生跨文化交际能力的有效策略。通过这种结合方式，可以实现理论知识与实际应用的有机衔接，使学生在学术学习中能够更加深入地理解文化差异的实际影响。

其一，通过实际案例的深入分析，学生能够接触到真实世界中发生的文化对比情境。选择具有代表性和启发性的案例，如国际商务谈判或文化导致的团队合作问题，可以确保学生在案例中面临具体的文化挑战。通过深入剖析这些案例，学生能够更全面地了解文化差异对于实际情境的影响，培养对复杂情境的敏感性。

其二，通过模拟情境的设计，学生得以在虚拟环境中实际体验文化对话。

模拟情境应该真实而具体，使学生能够在虚拟场景中感受文化交流的真实挑战。这种设计不仅包括角色扮演，还可以涉及小组讨论、团队协作等形式，以激发学生的思辨能力和团队协作精神。在这个过程中，学生可以将从实际案例中学到的理论知识应用到模拟情境中，培养他们实际解决问题的能力。

二、学生跨文化交流的机会和平台

（一）国际文化节的组织

1. 文化节的定期举办

学校定期组织国际文化节是一项旨在促进跨文化对话和增进学生对多元文化的理解的重要举措。通过这一平台，学生得以深入了解各国文化的多样性，参与多元化的文化体验，进而培养全球视野与跨文化沟通技能。

国际文化节的组织涵盖多种形式，其中之一是通过展览展示各国文化的独特之处。学生可以通过文物、手工艺品、传统服饰等形式，亲身感受和了解其他国家的历史、传统和文化特色。这样的展览活动有助于激发学生对不同文化的兴趣，引导他们在文化多样性中保持开放心态。

此外，国际文化节还包括丰富多彩的文化表演。学生通过音乐、舞蹈、戏剧等艺术形式，深入感受其他国家的文化表达方式。这样的演艺活动既能够传递文化信息，又能够拉近学生与不同文化之间的距离，促进相互理解。

美食品鉴是国际文化节中另一个重要的环节。通过品尝来自不同国家的美食，学生能够体验到食物背后的文化故事，进而深刻理解其他文化的独特魅力。这种直观的体验有助于打破文化隔阂，促使学生更加愿意融入跨文化环境。

2. 学生参与的方式

在国际文化节中，学生可以通过多种方式积极参与，展示和分享自己国家的文化，从而促进跨文化交流。这种参与不仅为学生提供了一个表达个人文化特色的平台，也激发了他们的主动学习意愿，推动了跨文化对话的发展。

一是，学生可以通过展示语言的方式展现自己国家的文化特色。通过讲解语言的基本语法、特殊词汇和口音等，学生能够向其他参与者介绍自己国家的语言文化。这种方式不仅有助于传递语言背后的文化内涵，还能够促使其他学生对语言差异产生兴趣。

二是，传统服饰展示也是学生积极参与的一种方式。通过展示和穿着传统

服饰，学生可以向其他参与者生动展示自己国家的服饰文化，让他们更加了解其他国家的传统风情。这种方式既是一种视觉的享受，也是对传统文化的尊重和传承。

三是，音乐舞蹈表演也是国际文化节中受欢迎的参与方式。学生可以组织各种形式的音乐和舞蹈表演，展示其国家的音乐艺术和舞蹈传统。这种艺术表达不仅为文化节增添了活力，也为学生提供了发挥才艺和与他人分享的平台。

（二）语伴计划的实施

1.文化背景的差异化匹配

通过巧妙设计语伴计划，将具有不同文化背景的学生进行匹配，成为语言交流和文化分享的伙伴，是一种促进跨文化交流和全面了解他人文化的有效手段。

一是，语伴计划的设计应考虑学生的文化背景的多样性。通过了解学生的国家、语言、宗教、传统习俗等方面的信息，可以有针对性地匹配语伴，确保他们来自不同的文化背景。这样的多样性匹配有助于促进全球视野，使学生更全面地了解世界各地的文化。

二是，语伴计划可以通过定期的语言交流和文化分享活动，为学生提供深入了解对方文化的机会。通过交流，学生不仅能够提高语言表达能力，还能够学到更多关于对方文化的细节。这种面对面的交流体验，比课堂上的理论知识更具深度和实际意义。

三是，为了促进学生更好地参与语伴计划，可以设置一些引导性的主题或任务，让学生在交流中更有目的性地了解对方文化。例如，可以设计关于节日庆典、家庭结构、饮食习惯等主题，引导学生分享和比较彼此的文化特色。

2.面对面的交流与分享

语伴计划的核心目标之一是鼓励学生进行面对面的交流和文化分享。通过这种实践性的交往，学生能够更深入地了解对方的文化传统、生活方式，从而提高语言运用和跨文化交际的实际能力。

一是，面对面的交流为学生提供了一个真实而直接的学习环境。与通过书面或虚拟媒体进行的交流相比，面对面的交流更加贴近实际生活，使学生能够感受到语言背后更丰富的文化内涵。通过直接参与对话，学生能够更好地理解语言的语境和文化背景，提高他们的语言运用水平。

二是，通过活动参与，学生能够更全面地了解对方的文化特色。语伴计划不仅仅关注语言的学习，更注重文化的交流和分享。通过参与各种活动，如文化节、传统庆典、日常生活体验等，学生能够感知到文化的方方面面。这样的实际体验有助于打破文化隔阂，促进跨文化理解。

三是，面对面的交流也有助于培养学生的交际技能。通过与语伴的面对面互动，学生可以提高他们的口头表达能力、倾听能力以及非语言交际能力。这对于日后在实际跨文化情境中更加自信和流利地交流至关重要。

（三）海外交流项目的支持

1. 鼓励学生参与

学校在积极鼓励学生参与海外交流项目方面发挥着至关重要的作用，这为学生提供了难得的机会，使他们能够亲身体验和参与其他文化。这样的项目不仅加强了学生对其他文化的认知，同时也对培养他们的全球视野和国际化意识产生深远的影响。

第一，海外交流项目为学生提供了一个深入了解其他文化的途径。通过亲身置身于不同的文化环境中，学生可以更全面地感知和理解目标文化的社会、历史、习俗等方面的特点。这种深度的文化体验有助于打破陈旧的文化观念，促进跨文化理解，培养学生的开放心态。

第二，参与海外交流项目有助于学生培养全球视野。在国际舞台上积极参与，使学生更为关注全球性的问题，拥有更为广泛的视野。他们将更加了解不同国家和地区的经济、政治、社会等方面的情况，从而更好地适应复杂多变的国际社会。

第三，通过海外交流项目，学生还能够增强自身的国际化意识。在与其他国家的同学交流互动的过程中，学生不仅学到了更多的国际化知识，更能够培养跨文化交际的技能。这对于日后在国际化的工作环境中更好地适应和发展具有积极作用。

2. 真实的跨文化对话平台

海外交流项目为学生提供了一个真实的跨文化对话平台，是一个独特而宝贵的经历。通过参与这样的项目，学生能够深入融入当地文化，与当地人员进行面对面的交流，从而更深刻地理解不同文化之间的差异，促使他们更好地适应多元文化环境。

第一，通过与当地人员的互动，学生能够直接感受到文化的生动和多样性。实际融入当地社区，与当地人员建立联系，使学生能够亲身体验和感受不同文化的独特之处。这样的亲密接触有助于打破刻板印象，促使学生更全面地理解其他文化的日常生活、价值观和社会习惯。

第二，真实的跨文化对话平台使学生在实际情境中应用语言和文化知识。与纯粹的课堂学习相比，实地参与交流使学生面对更真实、更复杂的语境，需要运用所学的语言和文化知识进行沟通。这种实际应用的机会培养了学生更高水平的语言技能，提高了他们的跨文化交际能力。

第三，通过真实的跨文化对话，学生还能够培养更强的文化适应力。面对当地文化的差异，学生需要更灵活地调整自己的行为和观念，逐渐融入新的文化环境。这种适应性的培养不仅有助于学生更好地完成交流任务，还能够在未来的国际化工作环境中更加游刃有余。

第四章

高校英语教学中跨文化语言能力的培养

第一节 提升语言表达能力的教学策略

一、语法和词汇的跨文化教学

（一）选用具有跨文化元素的教材

1.教材选择的原则

在语法和词汇的教学中，教材的选择是至关重要的因素，直接关系到学生对语言的深刻理解和跨文化交际能力的培养。在进行教材选择时，教师首先应当关注教材是否充分涵盖了多元文化元素。这意味着教材中应包含来自不同文化语境的例句和对话，以确保学生在学习语法和词汇的过程中，能够感知和理解不同背景下的语言使用方式。

多元文化元素的涵盖不仅仅是为了增加语境的多样性，更是为了培养学生的文化敏感性和跨文化交际的能力。通过选用涵盖多元文化元素的教材，学生将有机会接触到不同国家、地区和文化习俗的语言表达方式，从而拓宽他们的文化视野。这种教材选择的原则有助于打破语言学习的局限，使学生更全面地理解语法和词汇的运用，并能够更灵活地应对不同文化背景下的交际挑战。

在教学实践中，教师还需关注教材的实用性。所选教材应具有实际应用性，能够在学生的日常生活和跨文化交际中发挥实际作用。这一原则旨在使学生不仅仅掌握抽象的语法规则和词汇，更能够将其运用到实际场景中。通过实际应

用性的教材，学生将更容易理解语法结构和词汇的实际运用方式，提高他们在真实交际中的语言表达能力。

此外，教材选择还应强调文化多样性的反映。教材中的例句和对话应当反映出不同文化的特征，包括但不限于语言习惯、社会礼仪、文化传统等。通过在教材中融入文化多样性，学生将更深入地了解语言与文化的紧密联系。这不仅有助于提高学生的文化适应能力，而且有助于培养他们在跨文化交际中更为敏感和灵活的语言运用能力。

2. 教材的实用性

在语法和词汇的教学中，教材的实用性是确保学生能够在实际生活和跨文化交际中灵活运用所学语言的关键因素。实用性强的教材不仅能够激发学生的学习兴趣，更能够培养他们在真实情境中运用语言的能力，从而提高他们的整体语言表达水平。

所选教材的实际应用性应当直接关联到学生的日常生活。通过选用与学生生活经验相关的例句和对话，教师可以帮助学生更轻松地将所学语言知识融入日常交流中。这种紧密联系实际生活的教材设计有助于激发学生的学习兴趣，使他们更愿意投入到语言学习的过程中。

同时，教材的实用性还表现在其对跨文化交际的支持上。选用能够涵盖不同文化背景的例句和对话，能够使学生更好地适应不同文化环境中的语言使用方式。通过实际情境的例子，学生能够更深入地理解语法和词汇的跨文化运用，提高他们在国际交流中的自信心和成功概率。

教材实用性的提高还需要教师注重设计具体的教学活动，将语法和词汇运用到实际场景中。例如，通过角色扮演、模拟真实生活对话等活动，学生能够在实际操作中巩固所学知识，培养运用语言的实际能力。这样的教学方法有助于使学生更自觉地将语法和词汇融入他们的言语表达中，而不仅仅是停留在书本知识的层面。

3. 文化多样性的反映

在语法和词汇的教学中，教材所反映的文化多样性是培养学生跨文化交际能力的关键要素。教材中的例句和对话应当广泛涵盖多元文化的特征，其中包括但不限于不同国家、地区和习俗等元素。这种多元文化的反映有助于学生深入理解语言与文化之间的紧密联系，为他们今后的跨文化交际打下坚实的基础。

首先，通过在教材中引入不同国家和地区的语言特点，学生能够更全面地了解语言的多样性。例句和对话的选择应当覆盖世界范围内的各种语言表达方式，使学生对不同文化的语言差异有更为深刻地认识。这种全球性的视角有助于打破地域局限，培养学生在面对不同语言环境时的适应能力。

其次，教材应反映不同地区的文化差异，包括各地的社会习俗、礼仪规范等方面。通过教材中的例句和对话，学生可以了解到不同文化间的交际方式和表达习惯，从而更好地理解和尊重他人的文化背景。这种文化多样性的反映有助于培养学生的文化敏感性，使他们能够在跨文化交际中更为得心应手。

最后，习俗和传统作为文化的重要组成部分，也应得到教材的体现。通过教材呈现各种文化中独特的习俗和传统，学生可以更深入地理解语言背后的文化内涵。这种深度的文化理解不仅有助于提高学生的语言表达水平，还为他们在实际跨文化交际中更加敏感和自信地表达奠定了基础。

（二）引入实际语境中的语法结构

1.实际应用的案例分析

通过实际案例，教师可以解释语法结构在真实语境中的应用。以跨文化交际为背景，分析语法结构在不同文化情境下的使用方式，使学生能够更好地理解并掌握语法规则。

2.日常生活中的语法运用

将语法结构融入日常生活场景中，例如购物、旅行等，让学生通过实际例子感受语法规则的实用性。这样的教学方式有助于激发学生的学习兴趣，同时提高他们将语法知识应用到实际生活的能力。

3.实践性任务的设计

设计实践性任务，要求学生运用所学语法结构进行实际的跨文化交际。通过实际任务，学生能够更深入地理解语法结构，并在实践中不断提升表达能力。

（三）促进文化融合的词汇学习

1.词汇学习的跨文化对比

教学中引入跨文化对比，比较不同文化中的常用词汇。通过对比学习，学生可以更清晰地认识到语言表达方式的多样性，提高在跨文化交际中的灵活性。

2. 文化背景下的词汇运用

教师应鼓励学生在学习词汇的同时，了解这些词汇在不同文化中的含义和使用情境。通过实际例子，学生可以更好地理解词汇背后的文化内涵，提高在跨文化环境中的适应能力。

3. 实际场景中的词汇运用

设计实际场景，要求学生运用所学词汇进行模拟跨文化交际。这种实践性的学习方式有助于将词汇运用到实际语境中，使学生在实际交流中更加得心应手。

二、促进学生口语表达的方法

（一）小组讨论

1. 小组讨论的意义

小组讨论在语言教学中具有重要的意义，特别是在促进学生口语表达方面。通过小组讨论，学生得以参与轻松的语言互动，分享各自来自不同文化的看法、经验和观点，从而在跨文化交际中培养他们的口语表达能力。

一是，小组讨论提供了一个开放的平台，让学生在轻松的氛围中展开言辞。在小组中，学生感受到更自由的氛围，不仅能够更放心地表达自己的观点，还能更积极地参与到对话中。这种开放的交流环境有助于激发学生的口语表达兴趣，提高他们参与讨论的积极性。

二是，小组讨论为学生提供了一个交流跨文化经验的机会。由于小组成员可能来自不同的国家、地区或文化背景，他们在讨论中能够分享各自独特的文化观点和体验。这样的交流不仅拓宽了学生的文化视野，还让他们在语境中更好地理解和尊重不同文化的口语表达方式。

三是，小组讨论促使学生在实践中运用所学语言。在对话中，学生需要灵活运用词汇和语法结构，以清晰地表达自己的想法。这种实践性的口语练习有助于学生更自觉地将所学知识运用到实际语境中，从而提高他们的口语表达水平。

最重要的是，小组讨论培养了学生在跨文化交际中的沟通技能。通过与不同文化背景的同学进行互动，学生学会倾听、理解和回应，提高他们处理跨文化沟通挑战的能力。这对于培养具备全球视野的语言专业人才至关重要，因为

他们未来可能需要在国际舞台上进行复杂而多样化的交际。

2. 话题设计与引导

教师在设计课堂话题时，应注重融入丰富的文化元素，以激发学生的兴趣并引导他们更好地表达自己的观点。合理引导的讨论不仅有助于培养学生对文化差异的敏感性，还能提高他们在口头表达中的准确性。

其一，话题的选择应以跨文化交际为主线，涉及各种不同文化的习俗、传统、价值观等方面。例如，可以设计关于节日庆典、家庭结构、礼仪规范等话题，让学生在讨论中分享自己的文化认知，同时了解他人的观点。这样的话题能够在激发学生兴趣的同时，促使他们更深入地思考和表达。

其二，引导学生在讨论中表达自己的看法时，教师可以采用引导性的问题，激发学生的思考和回应。通过提出开放性的问题，教师可以引导学生深入挖掘自己的观点，并在讨论中形成清晰、有逻辑地表达。例如，可以询问学生对于某一文化现象的看法，或者邀请他们比较自己文化中的某一传统与其他文化的异同之处。这样的引导有助于培养学生在跨文化交际中更有深度地思考和表达的能力。

其三，为了提高学生的口头表达准确性，教师可以在讨论中注重语言规范和表达技巧的指导。通过提供合适的词汇、表达结构以及适当的语言修饰，教师可以帮助学生更清晰地表达自己的意思。同时，鼓励学生在讨论中互相纠正，促使他们在语言使用上更加规范和准确。

3. 团队合作与文化交流

小组讨论不仅仅是一种口语表达的练习，更是促进团队合作和文化交流的重要平台。通过小组讨论，学生有机会在协作中学习彼此之间的沟通技巧，同时能够从小组成员那里获取不同文化的信息，从而促使他们在团队合作中更好地融入跨文化环境。

首先，小组讨论是一个培养团队合作技能的有效手段。在小组中，学生需要共同面对讨论主题，协同解决问题，共同达成目标。这种协作过程不仅锻炼了学生的团队协作精神，还培养了他们在跨文化环境下共同合作的能力。通过共同努力完成讨论任务，学生在实践中学到了如何更好地与他人合作，提高了他们的团队协作水平。

其次，小组讨论为学生提供了一个深入了解不同文化的机会。由于小组成

员可能来自不同的国家、地区或文化背景，学生在讨论中能够倾听和理解他人的观点，同时分享自己的文化经验。这样的文化交流过程不仅增加了学生对多元文化的认识，还有助于拓宽他们的文化视野，使其更加开放和包容。

最后，小组讨论能够促进学生在团队中更好地融入跨文化环境。通过与来自不同文化背景的同学进行互动，学生能够更好地理解和尊重他人的文化差异，建立起相互尊重和信任的关系。这样的团队合作经验为学生今后在跨国公司、国际项目等实际工作中更好地融入多元文化团队奠定了基础。

（二）角色扮演活动

1. 设计角色扮演的目的

角色扮演活动作为一种实践性的方法，旨在锻炼学生的口语表达能力，特别是在跨文化情境下。通过模拟各种真实的文化场景，学生有机会在实际交流中运用所学语言，从而培养他们在跨文化交际中的实际表达能力。

一是，角色扮演的目的在于提供一个模拟的跨文化环境，使学生能够在课堂中亲身体验真实的语言应用。通过扮演不同的角色，学生需要运用所学语言进行交流，面对模拟的文化情境，使其更深刻地理解语言与文化的紧密联系。这样的模拟情境能够激发学生的学习兴趣，使他们更积极主动地参与口语表达的练习。

二是，角色扮演活动有助于培养学生的实际表达能力。在角色扮演中，学生需要不仅仅了解语法和词汇，还要适应角色的身份和情境，使其表达更为自然和流利。这种实际表达的训练能够提高学生的口语灵活性，使他们能够更自如地运用所学语言进行跨文化交际。

三是，通过角色扮演，学生能够在模拟情境中体验到不同文化之间的交流挑战。不同文化之间存在着语言使用方式、表达习惯等方面的差异，而角色扮演活动正是为了使学生更好地适应和理解这些差异。这种体验式的学习过程不仅增加了学生对跨文化交际的敏感性，还培养了他们在真实文化情境中的应对能力。

2. 跨文化情境的模拟

设计跨文化情境的角色扮演是一种富有实践性的教学方法，通过要求学生扮演不同文化背景的角色，并在模拟情境中与其他同学进行实际对话，旨在拓展学生对于不同文化表达方式的理解，并提高他们在模拟情境中的口语表达流

利度。

首先，这种角色扮演活动通过模拟跨文化情境，使学生能够更深入地了解和感受不同文化之间的交流挑战。学生在角色中所扮演的身份可能涉及不同国家、地区或群体，这使得他们需要在模拟的情境中适应不同的语言使用方式、交际礼仪以及文化习惯。通过这样的模拟，学生能够更直观地感受到跨文化交际中的文化差异，从而培养对多元文化的敏感性。

其次，角色扮演活动要求学生在实际对话中运用所学语言，从而提高他们的口语表达流利度。通过与其他同学进行实际对话，学生需要适应和运用所学的语法结构、词汇，并在跨文化情境中进行实际交流。这种实践性的练习有助于学生更自然、更流利地表达自己的观点，同时提高他们在真实跨文化交际中的语言适应能力。

最后，设计跨文化情境的角色扮演也有助于培养学生的跨文化沟通技能。在模拟情境中，学生需要更好地理解和运用不同文化中的非语言交际方式，如肢体语言、面部表情等。这样的练习有助于提高学生在跨文化环境中的沟通敏感性，使他们更好地应对不同文化情境下的交流挑战。

（三）实践性任务和项目

1.任务和项目设计

设计实践性的任务和项目，要求学生运用所学语言参与跨文化活动，是一种促进学生综合语言能力提升的重要教学策略。这些任务和项目的设计可以包括文化展示、实地调查等多种形式，旨在通过实际任务激发学生的学习兴趣，同时提高他们在实际应用中的口语表达水平。

首先，设计文化展示项目是一种引导学生深入了解和展示不同文化的有效方式。学生可以选择一个特定的文化主题，通过研究、收集相关资料，并用所学语言进行展示。这种任务既激发了学生对于不同文化的兴趣，又提高了他们用语言进行文化表达的能力。同时，通过与同学分享，学生还能够在展示中学到更多关于其他文化的知识，促进文化交流和理解。

其次，实地调查项目的设计能够锻炼学生在实际情境中应用所学语言的能力。例如，学生可以选择前往当地社区、商场或其他场所，进行实地调查并记录观察。在调查过程中，他们需要与他人交流、收集信息，并用所学语言整理和呈现调查结果。这种实践性的任务不仅提高了学生的口语表达水平，还培养

了他们在真实环境中运用语言的能力。

最后，可以设计跨文化合作项目，让学生与来自其他国家或地区的学生合作完成任务。通过合作，学生需要用共同的语言进行沟通，解决问题，这不仅锻炼了他们的口语表达能力，还培养了团队协作和跨文化交际的技能。这样的项目设计不仅使学生更好地融入国际化的学习氛围，也促进了全球化视野的培养。

2. 实际项目的指导

在实践性任务和项目中，教师发挥着关键的指导作用，引导学生如何有效地运用语言进行跨文化交际。这种指导不仅注重学生在项目中的语言表达，还着重培养他们解决实际问题的能力，以提高实际应用水平。

首先，教师在实际项目中应注重学生的语言表达。通过提供实际案例、模板或示范，教师可以帮助学生更好地理解项目的语言要求，使其在项目中能够准确、清晰地表达自己的观点和想法。同时，通过针对性的语言指导，教师可以帮助学生克服在跨文化交际中可能遇到的语言障碍，提高他们的语言适应能力。

其次，教师的指导应侧重培养学生解决实际问题的能力。在项目设计中，教师可以设定具体的任务要求，鼓励学生分析问题、制订解决方案，并在项目中付诸实践。通过这样的实际问题解决过程，学生不仅在语言表达上得到锻炼，还培养了解决实际挑战的思维能力，提高了他们的实际应用水平。

同时，教师在项目指导中还应关注团队合作和文化敏感性的培养。在跨文化合作项目中，学生可能面临来自不同文化背景的合作伙伴，教师可以引导学生有效地协调合作关系，促进团队的协同作业。此外，教师还可以通过引导学生关注不同文化之间的差异，培养他们的文化敏感性，使他们在项目中更好地应对跨文化交际的挑战。

3. 项目成果的分享与总结

鼓励学生分享实践性任务和项目的成果是促进口语表达能力提升的关键环节。通过分享，学生有机会展示他们在跨文化交际中所取得的成就，同时能够从他人的经验中获取更多关于跨文化交际的见解，进一步提高他们的语言适应和表达水平。

在项目成果的分享中，学生可以通过口头演讲、展示文稿、制作多媒体资

料等形式，向同学和教师呈现他们在实际任务中的表现。这种分享过程不仅提供了锻炼口语表达的机会，还促使学生在表达中注重语言准确性和流利度。同时，学生之间的分享也有助于拓展他们对不同文化的认知，从而培养跨文化沟通的能力。

教师在这一过程中扮演着重要的角色，提供专业性的评价和指导。教师可以对学生的口语表达、项目设计和解决问题的方法进行评价，指出优点和改进的空间。这种专业性的反馈有助于学生更全面地了解自己的表达能力水平，促使他们在下一轮的学习中有针对性地提升。同时，教师的评价也可以激发学生对跨文化交际的兴趣，增强他们参与实践性任务和项目的积极性。

在项目总结阶段，教师可以组织学生共同讨论，总结整个项目的经验和教训。通过集体总结，学生可以深入思考在跨文化环境中所面临的挑战，同时从他人的经验中汲取跨文化交际的智慧。教师可以引导学生思考如何更好地应对不同文化情境下的语言表达难题，从而促使他们在总结中对口语表达能力有更深层次的认识。

第二节　发展听力理解和口语交际能力的活动设计

一、听力训练的实际活动设计

（一）播放真实场景的录音

1. 准备多样化的录音素材

在进行听力训练时，教师的主要任务是提供丰富多样、真实场景的录音素材，以促进学生在语言环境中更全面地发展听力技能。这些录音素材应当涵盖各种语境，从而使学生能够接触到不同国家和文化的口音、语速以及语言表达方式。

首先，教师可以选择来自不同国家的新闻报道作为听力训练的素材之一。新闻报道通常包含了丰富的词汇和专业术语，同时也能够反映出当地的语言文化。通过聆听这些报道，学生可以提高对国际事务的了解，同时磨炼在特定语境下的听力能力。

其次，采访录音是另一个有助于培养学生跨文化交际能力的素材类型。采访通常涉及生活琐事、个人经历或专业领域的话题，为学生提供了接触真实人际交往语境的机会。学生通过聆听不同背景的被访者，可以更好地理解并适应不同文化下的交际方式，同时提升对不同口音的辨别能力。

最后，日常对话也是听力训练中必不可少的素材。这类素材模拟了学生在日常生活中可能遇到的各种语言场景，例如购物、用餐、交友等。通过这些真实场景的模拟，学生能够锻炼在实际生活中运用英语的能力，同时更好地理解并融入不同文化的语境。

为了更全面地覆盖不同语境，教师还可以引入一些特定领域的录音素材，比如学术讲座、商务会议或科技讨论。这些素材旨在挑战学生对特定主题或领域的理解和听力能力，促使他们在更专业的背景下运用所学知识。

2. 提升适应能力与文化视野

学生通过参与聆听多样化的录音素材，不仅能够有效提升对不同口音和语速的适应能力，同时也有助于更深层次地理解不同文化语境中的交际方式。在这一过程中，教师的任务不仅仅是提供素材，还包括确保这些素材具有真实性，以使学生能够感受到语言在实际生活中的应用情景，促使其真实地感知和适应多元文化语境。

一是，通过聆听来自不同国家的录音素材，学生不仅仅在听觉上接触到了各种口音，更在语速上面对着不同程度的挑战。这样的听力训练不仅有助于学生提高对多种口音的敏感性，也培养了他们适应快速和慢速语速的能力。因此，学生在实际交际中将更具弹性，能够更好地应对各种语音变化。

二是，这些录音素材所涵盖的文化语境也起到了关键的作用。不同国家和文化背景之间的差异不仅体现在语言中的发音和语速，更反映在交际方式、表达习惯以及语言背后的文化内涵上。通过接触这些多元文化的素材，学生在实践中学会适应并理解不同文化的交际方式，避免由文化差异引发的误解或冲突。

教师在选择素材时，应确保其具有真实性。真实的语言应用情景使学生更容易将所学应用到实际交际中，促进听力技能的全面提升。通过模拟实际生活中可能遇到的各种情境，学生能够更好地适应不同语境下的交际需求，提高在真实场景中运用所学语言的能力。

（二）听力小组讨论

1.组织听力小组

巩固学生在听力训练中所取得的成果，其中一项极为有效的手段是组织听力小组讨论。这种活动以学生分组为基础，旨在通过共享彼此的感受和理解，加深对不同文化语境下录音素材的领悟。小组内的交流不仅仅促进了学生之间的互动，同时也使他们能够从多个角度全面理解和解读所聆听的听力素材。

一是，分组讨论为学生提供了一个平台，在这里他们可以分享个人对听力素材的感受和理解。通过讨论，学生能够彼此借鉴对于不同文化语境的听力体验，从而拓宽对于语境多样性的理解。这样的分享不仅促进了集体学习氛围，也使学生在听力训练中形成更为全面的认知。

二是，小组内的交流可以激发学生更深层次地思考。不同学生可能会对同一段录音产生不同的解读和理解，这为小组成员提供了从多个角度思考的机会。通过这样的思辨过程，学生能够培养更为灵活的思维方式，提高对于语言和文化的敏感性。

三是，小组讨论也有助于学生在跨文化交际中培养尊重差异的态度。在分享过程中，学生可能会遇到不同文化观念之间的差异，这时候能够学会尊重他人的观点是非常关键的。教师可以在讨论中引导学生关注文化差异对语言理解的影响，从而提高他们的跨文化交际敏感度。

四是，小组内的交流活动也能够促进学生在语言表达和沟通能力上的提升。通过与同伴的交流，学生不仅能够分享自己的看法，还需要清晰明了地表达和阐述自己的观点。这对于提高口语表达能力、逻辑思维和团队协作精神都有着积极的影响。

2.引导关注文化差异

在小组讨论的过程中，教师在引导学生分享对听力素材的感受和理解时，可以有意识地引导学生关注文化差异对语言理解的影响。通过关注这些文化差异，学生能够更深入地了解语言与文化之间的紧密关系，提高他们在跨文化交际中的敏感度和适应能力。

其一，教师可以鼓励学生分享在听力过程中遇到的文化差异所带来的难点。这可能包括特定文化的隐含含义、文化特有的习惯用语，或者在特定语境下的表达方式。例如，在某些文化中，言下之意可能更为重要，而在另一些文化中，

直接表达观点更为常见。学生通过分享这些难点，不仅能够加深对文化差异的认识，同时也能够在小组内获得对这些难点的不同观点和解释，促进多角度地思考。

其二，教师可以引导学生分析文化差异对语言理解产生的影响。通过深入挖掘语言中的文化内涵，学生可以更好地理解为什么在某些文化中使用特定的词汇或表达方式，而在其他文化中则可能采用不同的方式。这种深层次的分析有助于学生超越表面现象，更全面地理解语言背后的文化意义。

其三，教师还可以在小组讨论中提出一些开放性问题，鼓励学生思考文化差异如何影响他们对录音素材的解读。例如，询问学生在特定情境下是否注意到了某种文化的独特表达方式，或者是否在理解中遇到了某种文化的语境难题。通过这样的思考过程，学生能够更自觉地关注文化差异，并逐渐培养出更为敏锐的跨文化交际视角。

3. 提升学术素养

通过小组讨论，学生不仅仅是被动的听众，更成为讨论的积极参与者。这种互动过程不仅能够激发学生的思考和表达能力，更有助于培养他们的学术素养。在这一过程中，教师的引导起到了关键作用，特别是在引入相关学科知识的同时，使学生能够将听力训练与跨文化研究相结合，提升他们的综合素养。

首先，通过小组讨论，学生有机会从被动的听众中转变为积极的参与者。他们需要表达自己对于听力素材的看法、理解和感受，与同伴分享并交流意见。这种参与式的学习模式促使学生主动思考问题，提高他们的批判性思维和问题解决能力。同时，通过学生之间的互动，小组讨论也为他们提供了共同成长和学习的机会。

其次，教师在引导讨论时应特别关注引入相关学科知识。这包括但不限于语言学、文化研究、社会学等领域的知识。通过将听力训练置于更广泛的学科背景下，学生将能够更深刻地理解语言与文化之间的相互关系。例如，教师可以引导学生分析不同文化背景下的交际方式，讨论语言在社会环境中的作用，从而拓宽他们的思维深度。

最后，在讨论中，学生还可以运用所学的学科知识，结合跨文化研究的理论，深入剖析听力素材中的文化内涵。这种有针对性的学科引导能够激发学生对于学术问题的兴趣，提升他们对于复杂语境和文化差异的理解水平。

二、语境中的口语交际练习

在高校语境中进行口语交际练习对学生培养良好的口语交际能力非常重要。以下是一些口语交际练习的建议和方法。

（一）对话练习

1.情景对话

安排学生以小组形式进行情景对话练习，通过提供特定情境或话题，让他们分角色进行对话。这种练习有助于学生在实际交流中运用所学的词汇、语法和表达习惯，提高口语交际的实用性。例如：

情景：在餐馆点餐

学生A：服务员

学生B：顾客

通过这样的对话练习，学生能够磨炼在真实场景中进行口语交际的能力，同时增加实际运用语言的信心。

2. 主题对话

为学生准备一些主题，如旅行、科技、文化等，让他们进行相关主题的对话。这样的练习旨在拓展学生的词汇量，使他们能够在多样的主题下自如地进行口语交际。例如：

主题：环保

学生A：提出环保问题

学生B：回应并分享看法

（二）辩论活动

1.话题选择

安排学生分组进行辩论活动，选择一些具有争议性的话题，涉及社会、科技、文化等多个领域。这有助于激发学生的思考和表达能力。例如：

话题：社交媒体对人际关系的影响

学生组A：支持

学生组B：反对

2. 辩论技巧培养

在辩论活动中，教师应注重培养学生的辩论技巧，包括理清思路、有力地陈述观点、倾听他人意见并善于反驳。这样的练习不仅提高口语表达能力，还培养了学生的逻辑思维和团队协作精神。

（三）音标练习

1. 发音指导

引导学生进行音标练习，通过准确发音和模仿声调，加强语音和语调调节能力。特别关注英语中容易混淆的音素，例如 /θ/ 和 /ð/：

练习：th 音发音

学生模仿教师发音

2. 口音纠正

利用语音纠正工具，对学生的口音进行纠正并给予反馈。这有助于提高学生对自己口音的敏感度，使他们能够更准确地模仿标准发音。

（四）真实情境交流

1. 与母语为英语的外教交流

安排学生与母语为英语的外教进行交流，提供真实语境。这样的交流不仅使学生更自然地使用英语进行口语交际，还能够获得来自原生说话者的实时反馈。

2. 观察与反馈

教师应鼓励学生相互观察口音、表达方式等，并提供有针对性地反馈。通过这样的反馈机制，学生能够及时纠正错误，提高口语交际的准确性。

（五）讨论和演讲

1. 讨论活动

组织讨论活动，让学生有机会表达自己的观点和思想。选择一些热门话题，如社会问题、科技发展等，激发学生的思考和表达欲望。

2. 演讲技巧培养

在演讲活动中，教师应注重培养学生的演讲技巧，包括言辞表达、肢体语言运用等。这有助于提高学生在公共场合进行口语表达的自信心和效果。

第三节　阅读与写作能力培养的跨文化视角

一、跨文化主题的阅读材料

（一）全球社会现象的探讨

在全球社会现象的探讨中，首先需要对相关背景进行介绍。教师可以选取研究跨国迁徙、国际贸易、文化融合等现象的学术文章，为学生提供全球化时代的社会变迁背景。

1.跨国迁徙的深度分析

跨国迁徙作为全球社会现象之一，其深度分析旨在深入了解不同地区和移民群体的状况，以及探讨迁徙的原因、影响以及伴随而来的社会挑战。在选择研究对象时，涵盖多元文化背景的移民群体是至关重要的，以确保对全球迁徙现象的全面理解。

其一，对于迁徙的原因，研究应该深入挖掘背后的复杂动因。这可能包括政治因素、经济压力、自然灾害、战争等多种因素的交织影响。例如，一些移民可能是为了寻求更好的经济机会，而另一些可能是逃离政治冲突或自然灾害的影响。通过详细分析这些原因，可以揭示不同文化背景下移民群体共同面临的根本问题。

其二，关注迁徙对个体和社会的影响至关重要。个体层面上，移民常常面临身份认同的挑战，尤其是在新文化中寻找自己的定位。社会层面上，迁徙可能引起目的地社会的文化变迁，挑战原有社会结构和价值观。

最后，社会挑战是跨国迁徙深度分析中的重要议题。这包括但不限于社会融入的问题、文化冲突、言语障碍等。研究应当聚焦于如何促进移民在目的地社会的融入，减轻文化差异带来的摩擦，以及构建更加包容的社会环境。通过对社会挑战的深入研究，可以提供政策制定者和社会工作者制定更加有效的支持和融合措施的依据。

2. 国际贸易与文化差异

国际贸易在全球化的背景下成为连接不同国家和文化的纽带，其与文化差异之间的互动成为跨学科研究的重要议题。在教学中，教师可以选择运用经济学和国际关系学的研究论文，以深入探讨国际贸易对文化的深刻影响。通过案例分析，学生能够深入了解全球化经济对不同国家文化传统的冲击，培养对贸易与文化互动的敏感性。

首先，经济学的研究论文可以提供对国际贸易对文化的宏观影响的理论框架。这些论文可能探讨贸易如何改变不同国家的经济结构，进而影响其文化产业和文化传统。通过经济学的分析，学生能够理解贸易是如何成为文化传播的一种手段，如何影响文化产品的生产和传播。

其次，国际关系学的研究论文可以深入研究贸易对国家间文化关系的影响。这包括文化软实力的概念，即国家通过文化传播来塑造国际形象。学生通过研读这些论文，可以了解贸易如何成为国家在国际舞台上展示自身文化价值观的一种手段，以及这种展示如何影响国家之间的文化交流。

案例分析是对国际贸易与文化差异互动的具体探讨。通过选用具体案例，如国际市场上文化产品的推广、跨国公司的文化管理等，学生可以深入了解贸易在实际操作中如何影响文化的传播和接受。这种案例研究不仅能够为学生提供实际操作的例证，还有助于他们理解贸易与文化之间的复杂互动机制。

3. 文化融合与共同挑战

文化融合作为跨文化研究领域的重要议题，常常通过社会学研究来深入剖析其过程，并关注在融合中涌现的共同挑战。选择关于跨文化融合的社会学研究可以为学生提供深刻的理解，使其通过了解不同文化间的冲突与融合，培养在多元社会中理解、尊重他人的能力。

在社会学研究中，关于文化融合的论文常常从社会结构、权力关系、社会认同等多个角度来探讨。这些研究通过对融合过程的实地观察和深度访谈，深入分析了在多元文化社会中人们如何相互影响、交流以及共同构建文化认同。

在文化融合的过程中，涌现的共同挑战包括但不限于身份认同的模糊性、文化价值观的冲突、语言障碍等。社会学研究往往通过具体案例，如移民社区、跨文化婚姻等，揭示了这些挑战的本质及其在社会层面上的影响。学生通过深度了解这些案例，可以更好地理解不同文化间的摩擦点，培养在多元社会中处

理冲突、建立和谐关系的能力。

通过社会学研究，学生还能够理解文化融合对社会结构和权力关系的影响。研究表明，文化融合可能导致社会层面的重新组织，从而引发社会结构的调整和权力关系的重新定义。学生通过学习这些研究，可以更好地理解文化融合对社会整体的影响，以及在多元文化社会中如何构建公正、平等的社会结构。

（二）文学作品与文化传承

1.文学作品的文化传承角度

在选择文学作品时，教师应着重选取那些涉及多元文化元素的小说和诗歌。特别是在选择小说时，应关注那些既具有文学价值又能反映文化传承的作品，以引导学生通过文学艺术的表达更深刻地理解各种文化的独特之处。

文学作品作为一种文化表达的载体，既能够传递文学家个体的思想感情，也承载着特定文化背景的历史、价值观念和社会风貌。在选取小说时，教师可以选择那些以多元文化为主题的作品，如关注移民、跨文化交流、文化冲突等题材的小说。这样的作品往往融入了多元文化的元素，通过故事情节和人物塑造，展现了不同文化间的碰撞与融合，深刻呈现了文化的多样性。

通过阅读这些小说，学生能够感受到作品中所描绘的文化传承，进而理解作者对于文化的态度和观点。例如，一些小说通过叙述家族历史、传统习俗等元素，展现了文化传承的重要性，激发读者对文化传统的关注。同时，文学作品也常常通过对人物内心世界的描写，呈现出文化传承对个体身份认同的影响，使学生能够更深刻地理解文化在人们生活中的扎根和延续。

此外，对于诗歌的选择也应注重多元文化元素的涵盖。选取那些以抒发跨文化情感或表达文化冲突为主题的诗歌，使学生通过诗歌的语言艺术更加直观地感知不同文化的独特魅力。通过深入分析诗歌中的意象、语言、节奏等元素，学生能够更好地理解诗歌如何传递文化情感，进而培养对多元文化的敏感性。

2.小说的文化传承解读

在深度解读小说的文化传承方面，教师的任务是引导学生通过文学分析方法，深入分析作品中蕴含的文化传承信息，从而挖掘出作品中的文化符号、价值观念，进一步理解文学作品与文化传承的紧密关系。

第一，深度解读任务可以通过关注小说中的文化符号展开。文学作品常常通过象征性的符号来传达深层的文化信息。教师可以引导学生关注作品中的隐

喻、象征物、反复出现的文化符号等。通过对这些符号的解读，学生能够感知到作者通过文学语言所传递的文化内涵，进而理解文学作品是如何承载并传扬特定文化的。

第二，文学作品中的价值观念是文化传承的关键部分。教师应引导学生关注小说中人物的言行举止、他们所处的社会背景、面临的道德选择等，从而深入理解作品所呈现的文化价值观。通过对人物角色的深度解读，学生能够领悟到作者通过小说对文化价值进行反思、弘扬或者质疑的目的，进而加深对文学作品与文化传承紧密关系的认识。

第三，情节、对话和人物之间的关系也是深度解读的关键。通过仔细解析小说中的情节设计和人物之间的互动，学生可以发现作者通过小说将文化传承的信息融入故事情节中。对话中的言辞、人物之间的关系紧密联系着文化传承的主题，通过深度解读这些元素，学生能够更全面地理解文学作品中文化的传递与延续。

在整个解读过程中，教师应强调学生的主动参与和批判性思考。通过讨论、分析和论证，学生将能够形成独立的对文学作品与文化传承关系的理解。这种深度解读不仅有助于学生对文学作品的深刻理解，同时培养了他们对文化传承的敏感性和独立思考的能力，提高了他们对多元文化的理解和尊重。

3.诗歌的情感共鸣与文化表达

在涉及多元文化元素的诗歌教学中，教师可以通过诗歌鉴赏和创作活动，引导学生体验情感共鸣，并通过创作表达对文化传承的思考，以培养学生对文学艺术的敏感性。

首先，通过诗歌鉴赏，教师可以选取具有代表性的涉及多元文化的诗歌作品，让学生通过阅读感受诗歌中所包含的情感和文化表达。通过深入分析诗歌的语言、意象、节奏等元素，学生可以更全面地理解诗人是如何运用诗歌语言来表达对多元文化的情感态度，从而引发学生的情感共鸣。

其次，通过诗歌创作活动，教师可以鼓励学生以自己的视角出发，通过写诗来表达对文化传承的思考和情感体验。学生可以选择关注自身文化背景、跨文化体验或对不同文化的好奇心等主题，以诗歌形式表达自己的情感和见解。通过这样的创作过程，学生不仅能够理解诗歌语言的表达方式，还能够将自己的情感融入文学创作中，加深对多元文化的感知和理解。

最后，这种教学方法有助于学生建立对文学作品的深入感知，培养他们对诗歌艺术的敏感性。通过情感共鸣和创作实践，学生将更好地理解文学作品中蕴含的文化信息，同时提升他们的文学鉴赏水平。此外，学生通过创作表达自己对文化传承的思考，不仅加深了对文学的理解，还培养了对文化多样性的尊重和理解，促进了跨文化交流和理解的能力。

（三）新闻报道与全球议题

1. 全球议题的选材与分析

在选取新闻报道时，教师应注重选择具有全球影响的议题，如国际事务、文化冲突等，以引导学生深度分析新闻报道，培养对跨文化问题的批判性思考。

一是，选择具有全球影响的议题是关键的。这可以包括国际政治动荡、全球经济变化、文化冲突等议题。这些议题不仅引起全球范围内的关注，而且涉及多元文化之间的互动和影响。教师可以选择关于国际合作与冲突、全球环境问题、跨国移民等方面的新闻报道，以确保学生接触到具有深远影响的全球性议题。

二是，引导学生深度分析新闻报道是教学的关键环节。通过提供相关的新闻报道，教师可以帮助学生了解事件的来龙去脉、各方立场以及事件对不同文化的影响。学生需要运用批判性思考的方法，对报道中的信息进行评估，并分析其中的文化因素对事件的解读和影响。这种分析能力的培养不仅提高了学生对全球议题的理解水平，还锻炼了他们在面对跨文化问题时的独立思考和判断能力。

三是，教师还可以通过引导学生阅读不同国家或地区对同一全球议题的报道，促使学生对文化差异的感知。通过比较不同文化对同一事件的看法，学生能够更全面地理解跨文化问题的复杂性，并培养对不同文化观点的尊重和理解。这种对比分析不仅拓宽了学生的视野，还为他们构建全球化视角提供了实际案例。

2. 新闻文本的深度分析

在进行新闻文本的深度分析时，教师的任务是引导学生运用新闻分析方法，深度解读选取的报道。这一过程旨在使学生能够理解新闻文本中蕴含的文化信息，同时培养他们具备批判性思维和跨文化解读能力的技能。

其一，学生需要学习运用新闻分析方法。这包括学习如何识别新闻报道的

关键要素，如标题、导语、主体内容和结尾等。通过对这些要素的分析，学生可以把握报道的整体结构和重点信息。此外，学生还需要了解新闻报道的写作风格、叙事方式和语言特点，以更全面地理解文本的含义。

其二，学生应该注重深度解读报道中所蕴含的文化信息。新闻报道往往反映了特定文化环境下的事件、价值观和社会观念。教师可以引导学生关注报道中的文化隐喻、象征符号以及与文化相关的术语和表达方式。通过深度解读这些文化元素，学生能够更好地理解新闻报道背后的文化背景和价值体系。

其三，学生需要关注不同文化视角下对同一事件的不同解读。新闻报道可能因为作者的文化背景、报道机构的立场以及目标受众的文化偏好而存在差异。通过比较不同文化视角的报道，学生可以发现文化因素对新闻解读的影响，培养跨文化解读的能力。这有助于拓宽学生的视野，提高他们在理解跨文化事件时的灵活性和包容性。

其四，深度分析新闻文本的过程应强调批判性思维。学生需要审视报道中的信息真实性、客观性和可能存在的偏见。通过提出问题、质疑信息来源以及对不同解读进行辩证分析，学生能够培养对新闻报道的批判性思考能力，更全面地理解报道的背后文化动因。

3.跨文化问题的讨论与反思

通过新闻报道的学习，教师可以设计讨论环节，引导学生就涉及的跨文化问题展开深入讨论。这一过程旨在使学生更好地理解全球议题对不同文化的影响，提升跨文化交流的意识。

一是，在讨论环节中，教师可以选择涵盖多元文化元素的新闻报道作为讨论材料。这可能涉及国际事务、文化冲突、全球环境问题等具有跨文化特点的议题。选择多元文化元素的新闻报道有助于激发学生的兴趣，同时确保讨论涉及丰富而多样的文化观点和价值体系。

二是，讨论的过程中应该强调学生的主动参与和批判性思考。教师可以提出引导性问题，鼓励学生从不同的文化角度对新闻议题进行分析和思考。例如，可以询问学生对于涉及跨文化问题的新闻报道中所反映的文化差异有何看法，以及这些文化差异如何影响事件的解读和处理。

在讨论过程中，教师还可以引导学生关注不同文化观点之间的共同点和差异，促使他们形成对跨文化问题更为全面和深刻地认识。通过讨论，学生能够

学会尊重不同文化观点，理解文化差异对事件解读的影响，培养跨文化交流的意识和能力。

三是，教师还可以借助讨论引导学生进行个人反思。学生可以思考自己在面对跨文化问题时的态度、观点以及可能存在的先入之见。通过个人反思，学生能够更好地认识到自身文化背景对观点的塑造影响，提升他们在跨文化交流中的敏感性和灵活性。

二、跨文化写作任务的设计

（一）文化比较与分析

1.选择比较对象

在设计写作任务时，鼓励学生选择两个具有代表性的文化，例如东西方文化、发展中与发达国家文化等。这种写作任务的设计旨在深入探讨文化的异同，培养学生对多元文化的理解。

第一，选择比较对象的重要性在于它提供了一个深入研究文化差异的框架。通过选择具有代表性的文化进行比较，学生可以更全面地了解不同文化的核心价值观、传统习俗、社会组织结构等方面的特点。例如，通过比较东西方文化，学生可以深入研究东方文化的强调集体主义和传统价值观，与西方文化的个体主义和现代价值观之间的差异，从而促使他们理解文化差异的深层次原因。

第二，通过比较不同文化，学生能够培养批判性思维和跨文化理解的能力。写作任务可以要求学生分析比较对象文化中的共同点和差异，以及这些共同点和差异可能产生的历史、社会和地理等方面的影响。通过这样的分析，学生不仅能够深入了解两个文化的独特之处，还能够培养对文化多样性的敏感性和理解力，为跨文化交流提供坚实的基础。

第三，选择比较对象还能够激发学生的兴趣和参与度。通过关注学生所熟悉或感兴趣的文化，他们更有可能投入到研究中，从而更好地完成写作任务。这不仅能够提高学生对比较对象的深度理解，还能够激发他们对文化多样性的好奇心，促使他们在学术研究中更为主动地思考和探索。

第四，通过选择比较对象进行深入研究，学生将能够获得更为全面的跨文化体验。这种深度的研究不仅有助于学生理解两个文化之间的相互影响和交流，还能够拓宽他们的国际视野，为未来在跨文化背景下的学习、工作和生活提供

更为丰富的经验和素材。

2. 文化根源与影响分析

要求学生分析文化差异的根源，如历史、社会结构等，并思考这些差异对个体和社会的影响，是一种有助于培养学生文化敏感性和拓展思维广度的学术要求。

一是，文化差异的根源可以追溯至历史因素。学生通过深入研究不同文化的历史发展，能够理解文化的演变过程、传统价值观念的形成以及文化间相互影响的历史背景。历史对文化的塑造起着至关重要的作用，不同历史时期的事件和变革都在不同程度上影响了文化的形成与演化。例如，历史上的战争、迁徙和文化交流都是塑造文化特征的重要因素，通过对这些历史事件的分析，学生能够更好地理解文化差异的深层次根源。

二是，社会结构也是影响文化差异的重要因素。社会结构包括政治、经济、宗教、教育等方面的组织和制度。这些社会结构不仅在形成文化中发挥着关键作用，而且对文化的传承和变革产生深刻影响。例如，一个社会的政治制度和价值观念可能塑造出一种独特的文化氛围，而社会的经济结构也会影响人们的生活方式和价值取向。通过分析社会结构，学生可以更全面地理解文化差异的现实基础和社会根源。

三是，文化差异对个体和社会的影响也是分析的重点。学生可以思考不同文化价值观念、社会规范和行为习惯对个体认同、行为选择和社会协作的影响。通过对这些影响的深入剖析，学生能够培养对文化底蕴的敏感性，理解文化对人们思维方式和行为模式的塑造作用。此外，学生还可以思考文化差异对社会的整体影响，包括社会和谐度、政治稳定性以及文化多样性的推动作用。

（二）跨文化沟通策略的探讨

1. 文化敏感性的培养

设计写作任务，要求学生探讨在跨文化沟通中的有效策略，以培养他们在跨文化环境中的适应力。这一任务旨在引导学生深入思考文化差异对交流的影响，并通过提出实际可行的沟通策略，促使他们培养文化敏感性。

首先，学生可以被鼓励探讨文化差异对语言和非语言沟通的影响。在不同文化中，语言结构、词汇和口音可能存在差异，容易导致误解和沟通障碍。学生可以思考如何在跨文化沟通中更好地理解和运用语言，以确保信息的准确传

递。同时，非语言沟通如肢体语言、面部表情等在不同文化中也可能有不同的解读，因此，学生可以探讨如何注意和适应非语言信号，以提高跨文化沟通的效果。

其次，学生可以研究文化差异对沟通风格和礼仪的影响。不同文化可能对于直接与间接的表达方式、表达情感的方式等有不同的偏好。学生可以思考如何在不同文化环境中调整沟通风格，以适应对方的期望。此外，了解并尊重不同文化的礼仪规范也是跨文化沟通的关键。学生可以提出具体的策略，如提前了解目标文化的礼仪规范、灵活调整自己的行为方式等，以促进更加顺畅的跨文化交流。

在写作任务中，学生还可以讨论文化差异对冲突解决和合作的影响。不同文化可能对于冲突的处理方式、合作的方式和期望等有差异。学生可以思考如何在跨文化团队中解决潜在的冲突，并提出增进合作的实际策略。这包括建立互信、尊重他人观点、善于合作等方面的具体方法，以促进团队在多元文化背景下的协同工作。

最后，学生可以在写作中总结并强调跨文化沟通的关键技能，如开放的心态、接纳多元性、学习和适应能力等。他们可以分享个人经验或案例，突出这些技能在实际跨文化交流中的应用，从而为读者提供实用的建议和深刻的思考。

通过设计这样的写作任务，学生将不仅加深对文化差异的理解，还能够提高在跨文化环境中的适应力。这种培养文化敏感性的方法有助于学生更加成功地面对全球化时代的跨文化交流挑战，为其未来的学业和职业发展提供有力的支持。

2. 案例分析与实际运用

通过引入实际案例，要求学生分析成功或失败的跨文化沟通经验，是一种有效的教学方法，可以深化学生对文化因素在沟通中的作用的理解，并促使他们在实际生活中灵活运用所学的策略。

在进行案例分析时，学生可以选择具体的事例，如国际企业的文化交流、政治谈判中的跨文化沟通、国际组织中的团队合作等。通过分析这些案例，学生可以深入了解文化因素在不同背景下产生的影响，以及如何应对这些影响，使沟通更加有效。

例如，学生可以选取一家国际企业在跨国业务中的沟通经验。他们可以分

析该企业在处理不同文化背景下的团队合作、客户沟通或市场推广中的成功与失败之处。通过这个案例，学生可以了解到企业在跨文化沟通中的挑战，如语言障碍、文化差异带来的误解等，并学习到企业是如何应对这些挑战的，以取得成功的经验。

在案例分析中，学生还可以选取政治谈判的案例，例如国际峰会或贸易谈判。他们可以分析参与方之间文化差异对谈判过程和结果的影响，了解到在政治领域中如何巧妙运用跨文化沟通策略，避免冲突，达成共识。

通过实际案例的引入，学生还能够更好地理解文化因素对领导力和团队协作的影响。他们可以选择国际组织中的案例，分析不同国家或地区的成员在团队协作中的文化碰撞，以及领导者是如何引导团队克服这些挑战的。

案例分析不仅能够加深学生对跨文化沟通理论的理解，更能够使其在实际中将理论知识转化为实际应用的能力。学生可以通过这种深度思考和分析，更好地准备自己在未来的职业生涯中面对跨文化挑战。这样的教学方法有助于培养学生的实际问题解决能力，提升他们在跨文化环境中的适应力和领导力。

第五章

高校英语教学中跨文化非语言交际能力的培养

第一节　身体语言与肢体动作的文化差异与培养

（一）不同文化中的身体语言解读

1.手势、面部表情的文化差异

在培养学生的跨文化非语言交际能力中，深入研究不同文化中手势和面部表情等身体语言的差异至关重要。这些非语言信号在文化交流中扮演着重要的角色，其含义可能在不同文化背景下产生显著差异。

首先，以手势为例，不同文化对同一手势的解读可能截然不同。在某些文化中，一个特定的手势可能代表着友好或祝福，而在另一些文化中，同样的手势可能被视为不尊重或具有冒犯性。学生需要深入了解这些差异，以免在实际交流中造成误解或引起不必要的困扰。通过观察和学习不同文化中的手势使用方式，学生可以逐渐领会其背后的文化内涵，提高在跨文化环境中的交际准确性。

其次，面部表情在文化交际中也是至关重要的非语言信号。不同文化对于笑容、眼神接触、皱眉等表情的理解可能存在显著差异。在某些文化中，过于直接的眼神交流可能被视为挑衅，而在另一些文化中，这可能被认为是自信和尊重的表现。学生需要通过学习和实践，逐渐掌握不同文化中面部表情的含义，以更好地理解他人的情感和意图。

在教学中，可以通过模拟情境、角色扮演等方式，让学生亲身体验和学习不同文化中的手势和面部表情。教师还可以引入文化学者的研究和案例分析，

帮助学生系统地理解跨文化非语言交际的复杂性。通过这样的学习方式，学生将更加敏感和适应不同文化环境中的非语言信号，提高其跨文化交际的能力。

2. 眼神交流的文化差异

眼神交流在文化交际中是一项富有挑战性的非语言行为，因为不同文化对于眼神交流的看法存在显著的差异。理解并适应这些差异对于培养学生在跨文化环境中的交际能力至关重要。

在某些文化中，直接的眼神交流被视为一种自信、尊重和真诚的表达方式。在这些文化中，通过直接看向对方的眼睛，人们表达出坦诚和积极的交流意愿。这种眼神交流方式在建立信任和理解方面被认为是有效的。然而，在其他一些文化中，尤其是一些东方文化，过于直接的眼神交流可能被看作是不尊重或冒犯他人的行为。在这些文化中，人们可能更倾向于避免直视，以示谦逊和尊重。

为了培养学生对眼神交流文化差异的敏感性和适应性，教学策略应该注重以下几点。首先，通过引入真实案例和跨文化研究，让学生了解不同文化中对于眼神交流的期望和规范。其次，通过模拟情境和角色扮演，让学生在虚拟环境中体验不同文化中的眼神交流方式，帮助他们更好地理解文化差异。最后，通过讨论和反思，引导学生深入思考眼神交流的文化背景和意义，提高他们的文化敏感性。

通过这样的教学方式，学生将更好地理解并适应不同文化中眼神交流的方式，减少误解和冲突，提高他们在跨文化环境中的交际效果。这样的培养将有助于学生更成功地应对全球化背景下的跨文化交际挑战。

（二）提高学生的文化敏感性和觉察力

1. 实践性的学习策略

为了培养学生的文化敏感性和觉察力，教学策略应注重实践和互动。其中，通过模拟情境，让学生参与角色扮演，体验不同文化中的身体语言，是一种富有成效的实践性学习方法。这种教学策略旨在通过实际操作，使学生更深入地理解文化差异，提高他们对非语言信号的敏感性。

在实践性学习的过程中，教师可以设计各种跨文化场景，如商务谈判、家庭聚会、社交活动等，并要求学生在这些情境中进行身体语言的角色扮演。通过模拟真实的跨文化环境，学生将能够亲身体验和感知不同文化中的身体语言差异。这种实践性的学习方式使学生能够更主动、深入地参与，从而更好地理

解和适应多元文化的交际需求。

教师在实践性学习中的角色包括设计具体情境、引导学生讨论和反思，以及提供及时的反馈。通过这些步骤，学生将能够从实际操作中学到更多的知识，并将理论知识与实际经验相结合。此外，实践性学习也能够激发学生的学习兴趣，增加他们对跨文化交际的主动探索欲望。

2.讨论和反思

在进行实践活动后，教师应当引导学生参与讨论和反思的环节。这一步骤对于学生深入了解文化差异对身体语言的影响，以及培养他们的文化适应能力至关重要。通过组织讨论，学生有机会分享他们在模拟情境中的实际体验，思考和探讨文化差异对身体语言的重要性。

一方面，讨论可以围绕学生在实践中遇到的具体情境展开。学生可以分享他们在模拟环境中遇到的文化差异，以及这些差异如何通过身体语言表现出来。教师可以提出一些开放性问题，引导学生探讨在不同文化中的身体语言是如何传达信息和表达情感的。

另一方面，反思环节有助于学生对个人经验进行深层次地思考。学生可以反思他们在模拟情境中的表现，思考文化差异对他们的身体语言选择和理解方式产生的影响。这种个人反思不仅有助于学生更全面地认识自己在跨文化交际中的表达方式，还可以促使他们更加积极地调整和适应。

第二节　社交礼仪和文化习惯的教学策略

一、跨文化社交场景的角色扮演

在高校英语教学中，通过角色扮演设计多样化的跨文化社交场景是培养学生社交礼仪和文化适应能力的有效方法，如图5-1所示。

```
                        ┌─────────────────────────┐
                        │  跨文化社交场景的角色扮演  │
                        └─────────────────────────┘
            ┌───────────────────────────────┴───────────────────────────────┐
    ┌─────────────────┐                                          ┌──────────────────────┐
    │  设计多样的社交场景  │                                          │  体验不同文化的社交礼仪  │
    └─────────────────┘                                          └──────────────────────┘
        │  ┌──────────────┐                                          │  ┌──────────────┐
        ├──│  商务会议场景   │                                          ├──│  言谈风格的体验  │
        │  └──────────────┘                                          │  └──────────────┘
        │      ├── 学生扮演不同国家的商务代表                           │      ├── 模仿不同国家的言谈风格
        │      ├── 模拟商务洽谈、合作协议的过程                         │      ├── 了解对话中的语气、用词和表达方式上的差异
        │      ├── 提高商务英语表达能力                                │      └── 培养有效沟通能力，避免语言上的误解
        │      └── 了解不同文化在商务场合中的期望和行为规范              │  ┌──────────────┐
        │  ┌──────────────┐                                          ├──│  交际距离的模拟  │
        ├──│  家庭聚会场景   │                                          │  └──────────────┘
        │  └──────────────┘                                          │      ├── 模拟不同文化中人们在社交场合中的交际距离
        │      ├── 学生扮演不同文化背景的家庭成员                       │      ├── 理解文化对个人空间的重视程度
        │      ├── 体验在家庭场合中的交往方式和社交礼仪                 │      └── 提高文化敏感性
        │      ├── 加强家庭文化重要性的理解                            │  ┌──────────────┐
        │      └── 提高跨文化沟通能力                                  └──│  礼物交换的体验  │
        │  ┌──────────────┐                                             └──────────────┘
        └──│  正式宴会场景   │                                                 ├── 角色扮演中的礼物交换情境
           └──────────────┘                                                 ├── 了解不同文化对于礼物的赠送和接受的态度
               ├── 学生扮演宴会的主人、嘉宾或服务员                           └── 培养跨文化交往中的礼仪意识
               ├── 体验不同文化中的宴会礼仪和交际技巧
               ├── 熟悉正式场合中的言行举止
               └── 提高高级社交场合中的文化敏感性
```

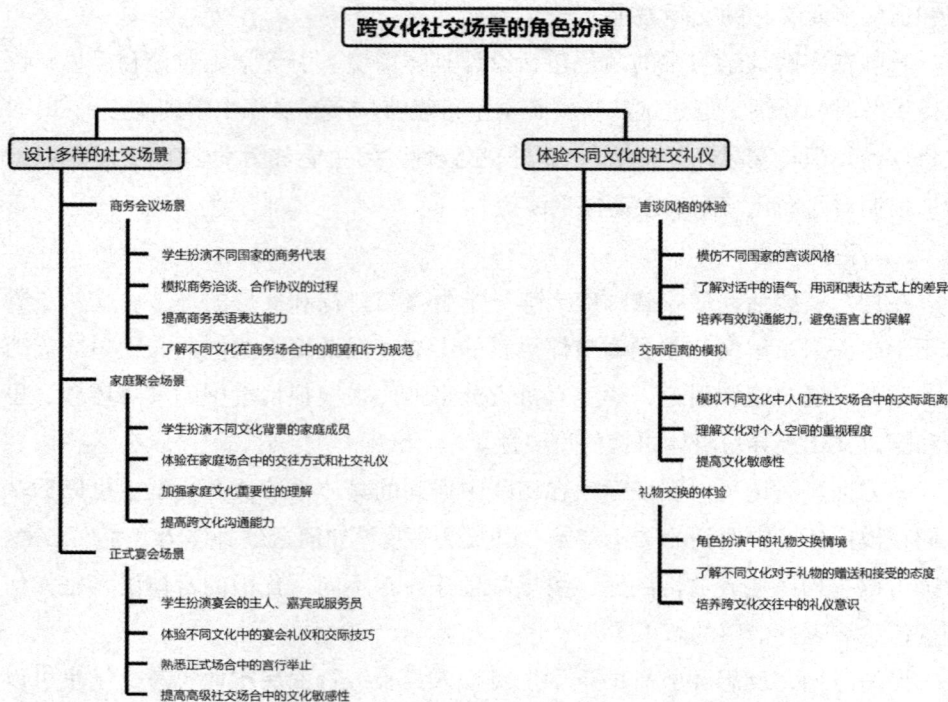

图 5-1　跨文化社交场景的角色扮演架构图

（一）设计多样的社交场景

在高校英语教学中，通过设计多样的社交场景进行角色扮演是培养学生社交礼仪和文化习惯理解的有效途径。

1.商务会议场景

商务会议场景是一个具有多国商业文化涉及的重要情境。在这个模拟中，学生被赋予不同国家的商务代表角色，以模拟真实的商务洽谈和合作协议过程。这种角色扮演不仅旨在提高学生的商务英语表达能力，更着重于使他们深刻理解不同文化在商务场合中的期望和行为规范。

在商务会议场景中，学生将面临来自不同国家的商业伙伴，每个伙伴都代表着其独特的商业文化和价值观。这种多元文化的环境为学生提供了一个学习和适应的机会。在模拟的商务洽谈中，学生需要灵活运用商务英语，同时了解和尊重不同文化的沟通方式和商务习惯。

商务英语表达能力的提高是这一场景的一个关键目标。学生需要在模拟中

有效地使用商务词汇、礼仪用语和正式场合的语言风格。这有助于锻炼他们在实际商务场合中的应对能力，提高他们与不同文化背景合作伙伴进行专业交流的信心。

除了语言表达能力，这一场景还着重于使学生了解并适应不同文化在商务环境中的期望和行为规范。在商务会议中，文化差异可能体现在谈判风格、决策方式，以及对时间和形式的不同看法上。学生通过角色扮演能够深入感受到这些文化因素对商务活动的影响，培养他们在跨文化商务交往中的敏感性和应变能力。

2. 家庭聚会场景

家庭聚会场景的角色扮演是一项深入了解不同文化在亲密社交关系中的行为规范和社交礼仪的有益活动。在这个模拟场景中，学生被分配扮演不同文化背景的家庭成员，以体验在家庭场合中的交往方式和社交礼仪。这种角色扮演不仅有助于学生更好地理解家庭文化的重要性，还能提高他们在亲密关系中的跨文化沟通能力。

在模拟家庭聚会的场景中，学生将涉及各种家庭成员之间的互动，如父母、兄弟姐妹、长辈和晚辈等。每个角色都代表着其所属文化中的特定社交期望和礼仪。通过角色扮演，学生将深入体验不同文化中家庭聚会的独特之处，包括言语交流、餐桌礼仪、礼物交换等。

这样的活动不仅强调了语言运用能力，还关注了在亲密关系中的文化差异。学生需要运用适当的语言风格和交往方式，以适应不同文化对家庭聚会中行为的期望。通过扮演家庭成员，学生将更好地理解和尊重家庭文化的重要性，为未来的跨文化亲密关系打下坚实基础。

在这一角色扮演中，特别强调跨文化沟通能力的培养。学生将学会如何处理在不同文化中常见的社交挑战，例如面对长辈时的恰当表现、在亲密关系中表达感情的方式等。这有助于提高他们在亲密关系中的文化敏感性，增强在跨文化背景下的社交适应能力。

3. 正式宴会场景

正式宴会场景的角色扮演是一项旨在深化学生对于不同文化中宴会礼仪和交际技巧的理解的教学活动。在这个模拟场景中，学生将扮演宴会的主人、嘉宾或服务员，以体验正式宴会中的文化礼仪和高级社交技巧。这种角色扮演旨

在使学生更加熟悉在正式场合中的言行举止，提高他们在高级社交场合中的文化敏感性。

在模拟正式宴会的场景中，学生将涉及主人、嘉宾和服务员等不同角色，每个角色都反映了其所属文化中独特的宴会礼仪。主人需要精心安排每一个细节，嘉宾需要遵循特定的社交规范，服务员则需掌握专业的服务技能。这样的活动使学生不仅能够理解宴会礼仪的基本要素，还能体验到在不同文化中宴会行为的微妙差异。

这一角色扮演注重学生对于言谈举止的精准掌握。主人需要展现出对宴会流程的熟悉和组织能力，嘉宾则需在场合中保持得体的交际方式，服务员则需表现出高水平的专业服务态度。通过这些角色的模拟，学生将更好地理解在正式宴会场合中所要求的高标准文化礼仪。

同时，这一活动注重文化敏感性的培养。学生将不仅仅了解一国或地区的宴会礼仪，而是通过扮演多个文化的角色，理解不同文化在宴会社交中的独特之处。这有助于提高学生在高级社交场合中的文化适应性，使他们更具自信和熟练地参与国际性的正式宴会。

（二）体验不同文化的社交礼仪

通过角色扮演活动，学生能够深入体验不同文化的社交礼仪，包括言谈风格、交际距离、礼物交换等。

1.言谈风格的体验

言谈风格的体验是一项旨在培养学生在跨文化交际中更为灵活和适应的教学活动。在这个活动中，学生被鼓励尝试模仿不同国家的言谈风格，以深入了解在对话中的语气、用词和表达方式上的差异。这种体验有助于培养学生在不同文化环境中进行有效沟通的能力，避免因语言上的误解而引发的交际障碍。

在模拟体验中，学生将扮演不同文化背景的个体，通过模仿对应文化的典型言谈风格，包括语速、语调、表达习惯等。通过这一活动，学生将亲身体验不同文化中人们在日常对话中的独特特点，使他们更具灵活性地应对跨文化交际的挑战。

首先，学生将学会关注语气的变化。某些文化可能更偏向于使用强烈的语气来表达观点，而其他文化则更倾向于以温和的语调交流。学生通过模仿不同语气的表达方式，能够更好地理解和适应在不同文化环境中的言谈氛围。

　　其次，学生将关注用词的选择。不同文化对于词汇的使用有着各自的习惯，有的更喜欢直接明了地表达，有的则更倾向于使用隐喻或比喻。学生通过模仿不同文化的用词风格，能够更准确地传达自己的意思，降低语言造成的误解。

　　最后，学生将关注表达方式的多样性。有些文化可能更注重非语言表达，如肢体语言、面部表情等，而另一些文化可能更强调语言的准确和正式性。通过尝试模仿这些表达方式，学生将更全面地理解在跨文化交际中的多样性，从而更好地适应不同文化的交际环境。

　　这样的体验不仅有助于学生提高在跨文化环境中的语言适应能力，还促使他们更深入地思考语言背后的文化内涵。通过这一活动，学生将更具自信地与不同文化背景的人进行交流，提高跨文化交际的效果，为未来的国际交往打下坚实基础。

　　2. 交际距离的模拟

　　交际距离的模拟是一项旨在深化学生对于不同文化中社交互动习惯的理解的教学实践。在这个模拟中，学生被鼓励模仿不同文化中人们在社交场合中的交际距离，以体验文化对于个人空间的不同关注程度。这种实践旨在帮助学生提高在社交互动中的文化敏感性，使他们更能够在跨文化环境中灵活应对。

　　在模拟体验中，学生将扮演不同文化背景的个体，通过模仿对应文化中的社交习惯，包括交际距离的设定。这一活动有助于学生深入理解文化对于个人空间的独特认知，促使他们在社交互动中更加注意并尊重他人的个人空间。

　　首先，学生将体验不同文化中的亲密度和疏离度的差异。某些文化可能更倾向于保持相对短的交际距离，强调身体接触和紧密亲近，而其他文化可能更注重保持相对较远的距离，强调个体之间的独立性。学生通过模拟这些差异，能够更深刻地理解在社交互动中的文化差异。

　　其次，学生将学会适应不同场合对于交际距离的要求。不同的社交场合可能对于交际距离有着不同的期望，如正式会议、家庭聚会、商务场合等。学生通过模拟这些不同场合，将更好地理解在不同情境下的交际距离的变化，培养在不同文化环境中的得体社交技能。

　　最后，学生将学习在不同文化中尊重他人个人空间的重要性。通过模拟，学生将亲身体验到在跨文化交往中如何在不侵犯他人个人空间的前提下进行有效地社交。这有助于培养学生的文化敏感性，使他们在未来的跨文化交际中更

具自信和适应性。

3.礼物交换的体验

礼物交换的体验是一项旨在培养学生在跨文化交往中更为敏感和得体的教学实践。在这个体验中，学生被鼓励参与角色扮演中的礼物交换情境，以了解不同文化对于礼物赠送和接受的态度。这样的实践有助于培养学生在跨文化交往中的礼仪意识，使他们更具文化适应力。

在模拟的礼物交换中，学生将扮演不同文化背景的个体，通过模仿对应文化中的礼物交往习惯，包括选择礼物、赠送方式、接受礼物的态度等。这一活动旨在帮助学生深入了解不同文化中对于礼物的不同看法，从而更好地应对跨文化交际中的礼仪挑战。

首先，学生将学会选择符合文化背景的礼物。不同文化对于礼物的期望和喜好有着明显的差异，有的注重礼物的实用性，有的更注重礼物的象征意义。通过模拟这一环节，学生将更深刻地理解在不同文化中如何选择合适的礼物，以展示对对方的尊重和关怀。

其次，学生将体验不同文化中的赠送方式。一些文化更注重礼物的仪式感，如送礼时的表情、语言表达等，而其他文化可能更强调礼物本身的价值。学生通过模拟这些差异，将更好地理解在礼物赠送时应该注意的文化细节，提高在礼仪交往中的文化适应能力。

最后，学生将学习在不同文化中接受礼物的态度。不同文化对于接受礼物的方式和表达感激之情有着不同的期望，有的文化可能更强调谦逊，而其他文化可能更注重直接的表达。通过模拟礼物的接受过程，学生将更好地理解在跨文化交往中如何得体地回应他人的慷慨之举。

二、文化差异下的社交礼仪培训

在高校英语教学中，培养学生对文化差异下的社交礼仪的认知和应对能力至关重要。文化差异下的社交礼仪培训架构图如图 5-2 所示。

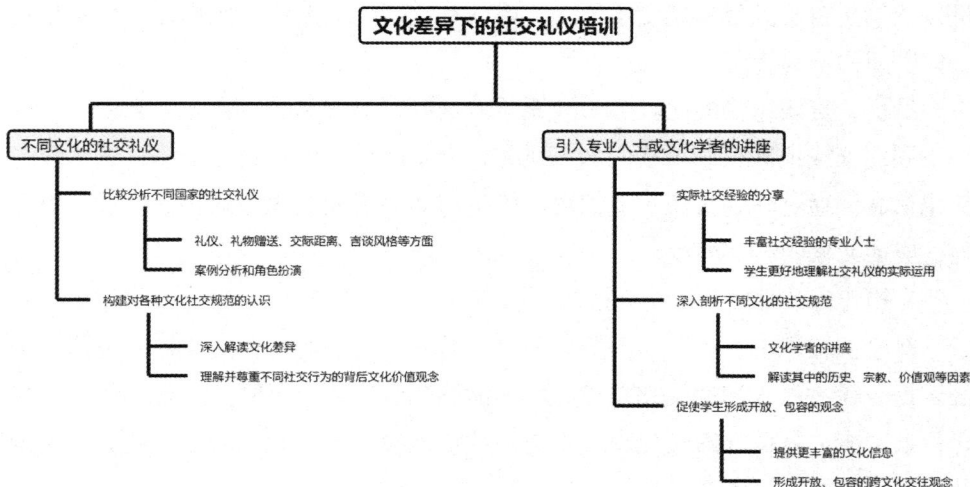

图 5-2　文化差异下的社交礼仪培训架构图

（一）不同文化的社交礼仪

1.比较分析不同国家的社交礼仪

在高校英语教学中，深入比较和分析不同国家的社交礼仪是为学生提供全面跨文化视角的重要一环。以下是对该主题的详细探讨：

在课堂教学中，教师的任务之一是通过详细的比较分析引导学生了解不同国家或地区的社交礼仪。这一过程旨在强调不同文化中社交行为的共性和差异，覆盖了多个方面，如礼仪、礼物赠送、交际距离和言谈风格等。

首先，通过对不同国家或地区礼仪的比较，学生能够了解每种文化中社交行为的根本原则。例如，一些国家可能注重正式场合的繁文缛节，而另一些国家则更注重自然随意的社交氛围。这种比较有助于学生理解社交礼仪的文化背景，帮助他们在实际交往中更好地融入不同的文化环境。

其次，教师可以通过讨论礼物赠送的文化差异来引导学生思考。在某些文化中，礼物可能具有深刻的象征意义，而在另一些文化中，更强调礼物的实用性。通过案例分析和角色扮演，学生能够感受到在不同文化下，人们对于礼物的期望和反应的多样性。

再次，交际距离是社交礼仪中一个重要而微妙的方面。通过比较不同国家对于个体空间的看法，学生可以了解到社交距离的文化敏感性。一些文化可能更注重亲密的身体接触，而另一些文化则更倾向于保持一定的距离。角色扮演

可以让学生身临其境地感受不同文化中的社交距离，促使他们更加体会文化对个体空间的不同看法。

最后，言谈风格的比较分析涉及语言选择、语气和表达方式等方面。通过对不同国家或地区言谈风格的深入研究，学生能够理解在交际中语言所承载的文化信息。通过角色扮演，他们可以模仿和体验不同文化中的言谈方式，更好地适应多元化的语言环境。

2. 构建对各种文化社交规范的认识

在培训过程中，教师的关键任务之一是构建学生对各种文化社交规范的全面认识。通过深入解读文化差异，学生能够理解并尊重不同社交行为的背后文化价值观念，从而在跨文化环境中更为灵活地应对各种社交场合，避免因不懂礼仪而引发的误解或冲突。

首先，教师可以通过详细比较不同国家或地区的社交规范，突出其共性和差异。强调各文化中社交行为的根本原则，使学生能够建立起对于多元文化社交规范的认识。通过案例分析和实际情境的模拟，学生能够更直观地感受到这些规范的实际应用，为他们的跨文化交往提供指导。

其次，引导学生理解不同文化社交规范背后的文化价值观念。每种社交规范都承载着对人际关系、尊重、信任等价值的理解。通过深入讨论这些文化价值观，学生能够更深层次地理解为何不同文化会形成各自独特的社交规范。这种认知能力有助于培养学生在跨文化交往中的文化敏感性，使其在与不同文化背景的人交往时更具洞察力。

再次，教师可以引入专业人士或文化学者的讲座，让学生从实际经验中获取更多深度的理解。专业人士能够分享在跨文化环境中的亲身经历，深入剖析社交规范的实际应用。学生通过与专业人士的互动，能够更全面地认识社交规范的多样性，进一步提升他们的文化适应能力。

最后，通过实际的跨文化交际活动，如角色扮演、模拟社交场景等，学生能够将所学知识融入实践中，提高在真实情境中应对文化差异的能力。这种融合实践的教学方法有助于学生更好地运用理论知识解决实际问题，增进对社交规范的深刻理解。

（二）引入专业人士或文化学者的讲座

1. 实际社交经验的分享

引入具有丰富社交经验的专业人士是培养学生跨文化社交能力的一项重要策略。这些专业人士可以分享在不同文化环境中的实际社交经验，为学生提供宝贵的见解和实用的建议。这样的分享不仅能够使学生更好地理解社交礼仪的实际运用，还能够帮助他们从中汲取经验，为将来的跨文化交往做好准备。

其一，专业人士的实际社交经验可以为学生提供直观的案例，展示不同文化环境下的社交挑战和应对策略。通过听取专业人士的亲身经历，学生可以更深入地了解文化之间的差异，包括言谈风格、礼仪规范、交际距离等方面的具体表现。这样的案例分享能够使学生对跨文化社交的实际情况有更为全面地认识，为他们的实际操作提供参考。

其二，专业人士的分享通常伴随着实用的建议和技巧，有助于学生更好地应对文化差异带来的挑战。这些专业人士可能提供关于在不同文化环境中保持尊重、理解他人习惯、灵活应变的实用建议。学生可以从专业人士的经验中汲取跨文化交往的有效策略，提高他们的社交适应性和应对能力。

其三，专业人士的分享也能够激发学生的兴趣，促使他们更主动地去了解和探索不同文化。通过专业人士的身临其境地叙述，学生可能会对跨文化体验产生浓厚兴趣，积极参与相关活动，提升他们的跨文化学习积极性。

2. 深入剖析不同文化的社交规范

文化学者的讲座在深入剖析不同文化的社交规范方面具有显著的学术价值。通过文化学者的专业解读，学生可以更全面地了解不同文化社交规范的根源和演变，深入挖掘其中涉及的历史、宗教、价值观等因素。这样的学术角度有助于培养学生更为深刻的文化认知，提高他们对跨文化交往的敏感性和理解力。

第一，文化学者的讲座能够为学生提供系统的文化背景知识。通过详细解读不同文化的社交规范，学生可以了解背后的历史演变过程，深入了解文化传承的渊源。文化学者可能会涉及某一文化的发展历程、重要事件、社会结构等方面的内容，使学生在学习社交规范时能够更好地融入当地文化的整体语境。

第二，文化学者能够解析社交规范背后的宗教和价值观念。社交规范往往受到宗教和价值观的深刻影响，而文化学者可以通过专业的角度对这些因素进行解读。这样的分析有助于学生理解为什么在某些文化中，特定的社交行为被

视为合适和重要，从而增进对文化背后思维方式的理解。

第三，文化学者的讲座还可以探讨不同文化对于人际关系、群体认同等方面的重要性，从而使学生更加深入地了解社交规范的背后逻辑。通过深入挖掘文化学者的分析，学生能够理解社交规范与文化认同、身份认同的紧密关系，进一步提升他们对文化多元性的认知。

3. 促使学生形成开放、包容的观念

引入专业人士或文化学者的讲座在培养学生的开放、包容观念方面发挥着积极的作用。通过这些讲座，学生得以深入了解各种文化，从而更能够以开放的心态去理解和融入不同的社交环境。以下是具体的分析和论述。

首先，专业人士或文化学者的讲座为学生提供了深刻的文化解读。这些专业人士通常具有丰富的学科知识和实际经验，能够以更深层次、更全面的角度解析文化现象。通过对不同文化社交规范的详细解读，学生将更容易理解社交行为背后的文化价值观念，从而打破对陌生文化的刻板印象，形成更为客观和全面的认知。

其次，专业人士的讲座有助于打破学生的文化偏见。由于对于陌生文化的不了解或片面了解，学生可能存在一些文化偏见。专业人士通过提供丰富的案例和深入的文化分析，能够帮助学生纠正这些偏见，培养更为客观和公正的跨文化观念。这种开放的认知态度将促使学生更愿意接受不同文化的独特之处，提高他们对文化多元性的接受程度。

最后，专业人士或文化学者的亲身经历分享也能够激发学生的兴趣。通过讲述真实的社交经历，这些专业人士能够使学生更加直观地感受到文化差异对社交行为的影响。这样的亲身经历不仅能够使学生对跨文化交往产生浓厚的兴趣，还有助于激发他们更深入地了解和体验不同文化的愿望。

第三节　跨文化非语言交际能力的模拟训练与实践活动

一、利用案例和情境进行模拟训练

跨文化非语言交际的模拟训练是为学生提供在相对安全环境中体验不同文化的非语言交际的有效途径。通过选取真实案例和设计情境，学生可以更深入

地理解和运用跨文化非语言交际的策略。架构图如图 5-3 所示。

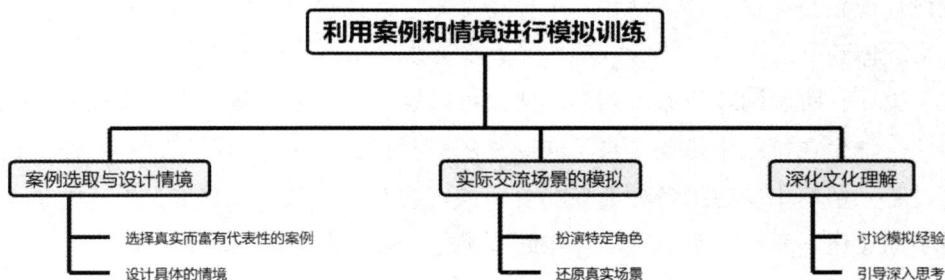

图 5-3　利用案例和情景进行模拟训练的架构图

（一）案例选取与设计情境

在模拟训练中，选择具体的案例是培养学生对跨文化非语言交际理解的重要步骤。

1. 案例的选择

在进行跨文化非语言交际的模拟训练时，案例的选择至关重要。这需要教师在设计课程时精心挑选真实而富有代表性的案例，以确保学生能够全面、深入地理解不同文化、行业和社交场景中的非语言交际挑战。

其一，案例可以涵盖国际商务谈判，这是一个富有挑战性的场景。在这种情境下，学生可能需要扮演商务代表，参与来自不同国家的商务谈判。这样的案例能够突显在商务场合中的非语言交际方面的挑战，例如在交流过程中可能出现的身体语言差异，以及文化特定的表达方式可能带来的误解。

其二，文化节庆也是一个理想的案例选择。学生可以在模拟中体验到不同文化庆典或仪式的非语言交际，例如参与婚礼、节日庆祝等。这样的案例能够突显文化庆典中的独特交际规范和礼仪，使学生更好地理解在这些场合中的非语言交际挑战。

其三，跨文化团队合作也是一个富有代表性的案例。在模拟中，学生可能需要与来自不同文化背景的团队成员协作完成任务。这样的案例有助于学生领会跨文化协作中非语言交际所起到的关键作用，特别是在解决团队内部的沟通问题时。

2. 设计情境

在为每个案例设计具体情境时，需要注重还原真实而富有挑战性的跨文化

非语言交际环境，以确保学生能够在模拟中体验到多样文化下的实际情境。情境设计应包括会议、社交活动、工作场景等，旨在提供学生全面的跨文化非语言交际体验。

第一，对于国际商务谈判的案例，可以设计一个涉及多国商业文化的虚拟会议。学生在模拟中扮演来自不同国家的商务代表，参与商务谈判和合作协议的过程。情境中应包括各种商务场合，如正式会议、商务晚宴等，以让学生面对不同文化下商务活动中的非语言交际挑战，如握手礼仪、眼神交流等。

第二，对于文化节庆的案例，可以设计一个国际性的文化庆典参与情境。学生可能参与到婚礼、节日庆祝等场景，与来自不同文化背景的人们互动。这样的情境设计将使学生感受到庆典活动中的非语言交际，如祝福的表达、礼物的交换等。

第三，跨文化团队合作的案例可以在一个国际性的企业工作场景中展开。学生可能需要与来自不同文化背景的团队成员协作，完成一项复杂的任务。情境中的团队协作将让学生体验到在跨文化环境中解决工作沟通问题的挑战，如协调工作计划、共享意见等。

这些具体情境设计旨在让学生置身于真实且具有挑战性的跨文化非语言交际环境中，通过模拟情境的体验，加深对文化差异的理解，提高跨文化非语言交际能力。整个教学过程旨在使学生更好地应对未来的跨文化交流挑战，促使他们具备更全面的文化敏感性和交际策略。

（二）实际交流场景的模拟

模拟中的实际交流场景是学生运用所学非语言交际策略的平台。

1.扮演特定角色

学生在跨文化非语言交际的模拟中，需要扮演特定角色，这可能涵盖商务代表、文化大使、团队成员等多种身份。通过角色扮演，学生能够更真实地感受在不同文化环境下非语言交际的复杂性，这一实践有助于提高他们的文化适应力和交际策略。

第一，对于商务代表的角色，学生需要在模拟中模仿真实的商务洽谈情境，运用正确的商务礼仪和非语言交际技巧。这可能包括握手的方式、眼神交流、身体语言等，以确保学生能够在商务环境中以适当的方式传达信息，避免文化差异导致的误解。

第二，对于文化大使的角色，学生可能需要在国际文化活动或庆典中扮演该角色。在这一情境下，他们需要运用文化适应策略，包括对不同文化的尊重、理解和积极参与，以传递友好、开放的文化形象。

第三，对于团队成员的角色，学生可能会参与国际性的团队合作任务，需要在团队协作中理解并运用不同文化的非语言交际规范。这样的角色扮演使学生直接面对跨文化工作场景中的挑战，包括沟通协调、团队默契等方面。

通过这些具体角色的扮演，学生能够更好地体验和理解在跨文化环境中非语言交际的挑战，促使他们逐渐形成开放、包容的跨文化交际观念。这样的实践有助于提高学生的文化适应能力和交际技巧，为未来的跨文化交流做好准备。

2.还原真实场景

在跨文化非语言交际的模拟训练中，模拟场景的设计应致力于尽可能还原真实的交际场合，包括语境、背景和参与人员。这种设计有助于学生更好地理解非语言信号在真实环境中的应用和解读，为其提供更贴近实际的跨文化体验。

其一，通过还原真实语境，学生能够置身于与真实生活相似的环境中，感受到文化差异对非语言交际的直接影响。例如，在模拟国际商务谈判中，模拟真实的商务环境和场景，包括商务会议室的布局、氛围等，使学生更容易理解并适应商务场合的非语言规范。

其二，背景的还原能够为学生提供更多文化背景信息，使其更全面地理解非语言信号的文化内涵。例如，模拟文化节庆时的场景，还原当地的传统仪式、装饰和礼仪，有助于学生更好地理解和运用文化特定的非语言元素。

其三，参与人员的还原是模拟训练中关键的一环。通过选择具有代表性的参与人员，如来自不同文化背景的商务伙伴、文化大使等，学生能够直接面对不同文化的非语言交际挑战。这样的设计能够让学生更深入地感受到真实文化交流中的非语言交际的复杂性，提高他们的文化适应能力。

（三）深化文化理解

深化对文化差异的理解是模拟训练的关键目标之一。

1.讨论模拟经验

安排学生在模拟后进行经验分享和讨论是一项重要的教学策略，旨在提供学生机会分享他们在模拟中的感受、观察和挑战，从而更全面地认识不同文化的非语言交际特点，并促进他们的文化敏感性。在经验分享和讨论环节中，学

生可以就模拟中的角色扮演、非语言交际策略的运用、文化差异的体验等方面进行交流。

首先,学生可以分享他们在不同文化场景中所遇到的具体情境,如商务谈判、文化节庆等。通过描述模拟过程中的具体经历,他们能够深入探讨在真实文化交流中可能面临的非语言交际挑战。

其次,讨论中可以涉及非语言交际策略的运用。学生可以分享他们在模拟中采用的非语言表达方式,以及这些方式在不同文化背景下的效果。这样的分享有助于学生深入了解不同文化间非语言交际的差异,并培养他们在实际情境中运用恰当策略的能力。

最后,学生还可以分享他们在模拟中感受到的文化差异,包括言谈风格、交际距离、姿态动作等方面。通过听取来自不同学生的观点和体验,整个班级可以形成更为全面的认识,促使学生更深层次地理解和尊重不同文化的非语言交际规范。

2. 引导深入思考

引导学生深入思考模拟训练中的情境,鼓励他们分析非语言信号在文化差异下的作用,是一项关键的教学策略。通过这种引导,学生将有机会更深入地理解和反思非语言交际在跨文化环境中的重要性,提高他们的反思和观察能力,使其更为敏锐地察觉文化之间的微妙差异。

其一,学生可以被引导思考模拟训练中的具体情境,包括他们扮演的角色、参与的场景和交流的内容。通过深入思考这些情境,学生可以更全面地认识到非语言信号在文化差异下所扮演的角色。例如,在国际商务谈判的情境中,学生可以思考不同文化对于眼神交流、握手习惯等非语言元素的不同期望,从而更好地理解其在商务交际中的影响。

其二,学生可以被鼓励分析非语言信号在文化差异中的作用。通过对模拟训练中使用的非语言交际策略进行分析,学生可以更深入地理解这些策略在不同文化环境中的有效性。例如,他们可以思考在模拟中采用的姿态、面部表情等非语言信号在文化差异下的解读方式,从而更好地把握在真实场合中的应用。

其三,学生可以通过反思和观察提高对文化之间微妙差异的敏感性。引导学生回顾模拟训练中的经验,要求他们思考在交流过程中是否察觉到文化差异带来的非语言交际挑战。这样的反思过程将有助于学生更为敏感地观察、理解

并适应不同文化中的非语言信号，为他们未来的跨文化交际提供更为深刻的准备。

通过这一引导深入思考的过程，学生将更全面、深刻地认识非语言交际在跨文化环境中的复杂性，提高他们的文化敏感性和应对文化差异的能力。这将为他们在国际交往中取得更好的沟通效果打下坚实基础。

二、实地参与跨文化社会活动的机会

为了更全面地培养学生的跨文化非语言交际能力，提供实地参与的机会是至关重要的。以下是三种实际参与跨文化社会活动的机会。

（一）参与国际性文化交流活动

1.国际节庆参与

国际节庆参与是学生积极融入跨文化体验的重要途径。通过参与各种国际性的文化交流活动，尤其是国际节庆，学生得以与来自不同国家和地区的人们进行深度交流，从而丰富了他们的文化体验。这种参与提供了独特的机会，使学生能够亲身感知和理解非语言信号在跨文化交际中的重要性。

在国际节庆的参与中，学生首先面对的是多元的文化展示。不同国家和地区的文化元素在节庆活动中得以生动呈现，包括传统服饰、风俗习惯、音乐舞蹈等。学生通过观察和参与这些活动，不仅能够深入了解其他文化的特色，还能够感知非语言信号在文化表达中的作用。例如，在观赏国际舞台上的传统舞蹈表演时，学生通过舞者的身体语言和面部表情，更直观地体验到文化之间的差异和丰富性。

除了观赏，学生在国际节庆中还有机会与他人互动。在这个过程中，他们需要运用非语言信号进行有效的跨文化交际。例如，参与文化展览时，学生可能与来自其他国家的展览导览员进行交流。这时，他们需通过肢体语言、面部表情和礼仪规范，实现有效的信息传递，这种互动使学生能够在实践中培养出色的非语言沟通技能。

国际节庆的参与不仅仅是对文化的被动式感知，更是一种主动融入、互动的过程。学生在这个过程中逐渐培养起对不同文化背景的适应能力，同时提高了在跨文化环境中进行非语言交际的自信心。

2.文化展览体验

参与文化展览是一种富有启发性的学习体验，通过亲身感知艺术品、手工艺品以及文化展示，学生能够更深入地了解不同文化的非语言符号和表达方式。这种直观的接触有助于培养学生对于跨文化交际中非语言信号的敏感性，并在他们的学术和社会生活中产生深远的影响。

在参与文化展览的过程中，学生有机会近距离观察来自不同文化的艺术作品。绘画、雕塑、摄影等艺术形式往往包含着丰富的文化内涵，而学生通过对这些作品的欣赏，能够感知到艺术家通过作品所传达的情感、价值观以及对于生活的理解。这种感性的体验不仅丰富了学生的文化阅历，同时也加深了他们对于文化之间差异的理解。

此外，文化展览通常还包括手工艺品和传统文物的展示，这些物品往往承载着丰富的历史和文化记忆。学生通过观察和了解这些展品，能够更加直观地体验到不同文化的独特之处。例如，某一文化地区特有的手工艺品可能蕴含着世代传承的技艺和对于生活的独特见解，而学生通过对这些展品的观察，将更深刻地理解该文化的非语言表达方式。

在文化展览的过程中，学生还有机会与来自其他文化背景的观众互动。这种互动既是语言上的交流，更是非语言信号的传递。学生需要适应不同文化观众的交际方式，包括面部表情、姿势、眼神等非语言元素，这样的互动锻炼了他们在跨文化环境中的非语言交际技能。

（二）志愿者服务项目的参与

1.国际组织或非营利组织的志愿者服务

学生参与跨文化的志愿者服务项目，特别是在国际组织或非营利组织中担任志愿者，将为他们提供深入接触真实社会环境的宝贵机会。这样的实践不仅仅是一种服务行为，更是一个能够全面培养学生跨文化能力的平台。以下是志愿者服务对学生的影响和收获：

首先，学生通过志愿者服务与国际组织或非营利组织合作，直接参与社会实践，接触到各种文化背景的人群。与来自不同国家和地区的志愿者、受益者或其他合作伙伴互动，使得学生置身于真实的跨文化环境中。这样的体验帮助学生更好地理解和适应不同文化的行为准则、沟通方式以及社会交往规范。

其次，志愿者服务提供了一个锻炼学生文化敏感性的平台。在与国际组织

或跨国非营利组织合作的过程中，学生需要理解和尊重不同文化之间的差异。通过与多元文化的团队合作，他们能够更深入地领会文化背景对于团队协作和目标达成的影响。这有助于培养学生在跨文化团队中的灵活性和适应性。

再次，志愿者服务项目强化了学生的团队协作能力。在服务项目中，学生需要与来自不同文化的志愿者共同合作，共同面对项目中的挑战。通过与团队成员的有效沟通、互相支持，他们逐渐培养了团队协作和合作解决问题的能力，这对于未来的职业发展和跨文化交际都具有积极意义。

最后，志愿者服务使学生培养了社会责任感。参与国际组织或非营利组织的志愿者服务，学生能够深刻体验到他们的努力和奉献对于社会的积极影响。这种体验有助于激发学生对社会问题的关注，使他们成为更有社会责任感的公民。

2.社区服务跨文化体验

学生参与本地社区组织的跨文化服务活动是一种宝贵的实践经验，通过与来自不同文化背景的人们互动，他们能够深入了解社会的多元性。这种实地参与的跨文化体验不仅对学生的非语言交际技能有所提升，还促使他们更好地理解和适应社会的多元文化环境。

第一，通过参与本地社区组织的跨文化服务活动，学生将直接接触到社区中不同文化背景的居民。这种互动为学生提供了实际的交流机会，使他们能够感知和理解不同文化所带来的言语差异、非语言信号以及社会交往规范。学生在与社区居民互动的过程中，逐渐培养了对于文化差异的敏感性，提高了在跨文化环境中的交际能力。

第二，跨文化服务活动强调团队协作和社区参与，通过与其他志愿者一起合作，学生学会了如何与不同文化背景的团队成员有效沟通和协同工作。这种团队协作的经验有助于培养学生的团队合作精神，并让他们更好地适应未来工作和社交场合中的多元文化团队。

第三，通过参与社区服务活动，学生还能够更深入地了解社区中的文化需求和问题。了解社区的多元文化特点有助于学生更好地理解社会的复杂性，培养他们对于社会的关切和责任感。这种社区参与的体验也将对学生的职业发展和未来的社会参与产生积极的影响。

（三）国际学术研讨会的经验

1.学术交流和讨论

学生参与国际学术研讨会是一种卓越的学术交流机会，通过与来自世界各地的学者和研究人员的交流，他们能够提升非语言交际技能，并在跨文化学术环境中培养出色的非语言沟通能力。

在国际学术研讨会这样的专业场合，学生不仅需要展示他们在特定学科领域的专业知识，还需要通过非语言信号与他人进行高效沟通。首先，演讲表达是其中重要的一环。学生在进行学术演讲时，除了语言表达的准确性外，更需要通过语调、语速、节奏等非语言元素传达出自信、专业和清晰的信息。通过学术演讲，学生不仅提高了自己在专业领域的表达能力，还培养了在跨文化环境下进行学术交流的信心。

其次，在专业交流的过程中，非语言沟通在学术交流中起到至关重要的作用。学生需要借助肢体语言、眼神交流等非语言信号与其他与会者建立联系。这种交流不仅体现了学生的社交技能，更表现出他们对于不同文化背景下的学术交际方式的理解和适应能力。通过与来自世界各地的学者互动，学生能够更全面地认识到跨文化学术交流中非语言信号的多样性和重要性。

此外，参与国际学术研讨会也促使学生更深入地了解国际学术界的潮流和前沿研究。这种学术交流不仅是对学生个人学科知识的拓展，也是对他们全球视野的提升。学术研讨会的开放式讨论环节，使学生能够深入交流并分享自己的见解，同时吸收来自不同文化背景下的学术观点，从而培养了学生更为宽广和开放的学术心态。

2.国际团队合作

在学术研讨会中，学生可能会面临与来自不同文化背景的同行合作的挑战，这种国际性的团队合作经验将极大地加强他们的团队协作和非语言沟通技能。

首先，国际团队合作为学生提供了深刻的跨文化交流体验。与来自不同国家和地区的同行共同工作，学生需要理解和尊重彼此的文化差异，包括但不限于语言、沟通风格、工作习惯等。这种体验有助于学生培养跨文化团队协作的灵活性和包容性，同时提升他们在团队中的社交技能。

其次，国际团队合作锻炼学生在多元文化环境中运用非语言沟通技能的能力。在合作的过程中，除了语言交流外，肢体语言、面部表情、姿态等非语言

元素也成为有效沟通的一部分。学生需要适应不同文化的非语言交流规范，以确保团队合作的顺利进行。这种实际经验将使学生更加敏感和熟练地运用非语言沟通技能，为未来的国际合作打下坚实基础。

最后，国际团队合作还激发了学生在团队中扮演领导和追随者角色的能力。在跨文化的团队中，学生可能需要根据任务和情境交替担任领导或追随者的角色。这样的经历培养了学生的领导力和团队协作技能，同时加强了他们的非语言表达能力，使其能够更好地在不同文化环境中融入团队。

总体而言，国际团队合作经验为学生提供了一个全面发展的平台，既涵盖了团队协作的方方面面，又深化了他们在跨文化环境中的非语言沟通技能。这种实际经验不仅对学生个人的职业发展具有积极影响，同时也促使他们更好地适应未来复杂多变的国际化工作环境。

第六章

高校英语教学中教材与教具的优化与创新

第一节　跨文化交际教材的开发原则与方法

一、教材编写中的文化平衡

跨文化交际教材的编写需要严格遵循文化平衡的原则，确保各种文化得到平等地体现。在实施时，应考虑以下三个方面，如图 6-1 所示。

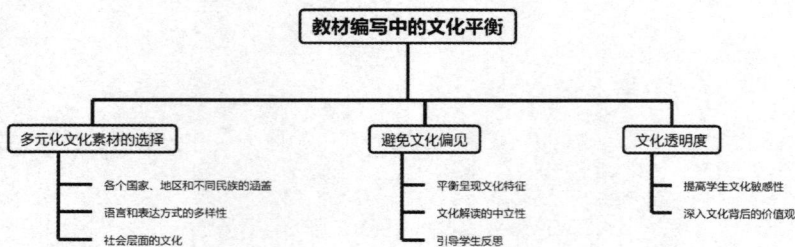

图 6-1　教材编写的文化平衡架构图

（一）多元化文化素材的选择

1.各个国家、地区和不同民族的涵盖

在跨文化交际教材的编写中，必须精心选择多元化的文化素材，以确保各种文化在教材中得到充分地体现。这需要对全球范围内的文化进行广泛的调研，涵盖亚洲、欧洲、非洲、北美洲、南美洲和大洋洲等各个地区的文化元素。不同国家和地区的语言、习俗、传统、价值观等都应该成为教材内容的一部分，以帮助学生全面了解并尊重各种文化之间的共性和差异。

其一，亚洲地区的文化元素应当得到充分地呈现。考虑到亚洲拥有丰富多样的文明史和众多国家，教材可以涵盖中国、印度、日本、韩国等地区的语言、文学、传统节日、礼仪等方面的内容。通过这些元素的展示，学生将更好地理解亚洲文化的独特之处。

其二，欧洲的多样性也是教材设计的重要考虑因素。从西欧到东欧，不同国家有着独特的语境和文化传统。通过涵盖欧洲各个国家的历史、文学、艺术、宗教等方面的素材，学生将能够感知欧洲文化的多元性。

其三，在教材中应当注重涵盖非洲大陆的多样性，包括各国的语言、民族文化、传统习俗等。这有助于打破关于非洲的单一化刻板印象，让学生更全面地了解非洲的多元文化。

其四，北美洲和南美洲地区的文化元素也应得到适当的关注。北美洲包括美国和加拿大等国，而南美洲则拥有丰富的拉丁美洲文化。通过对这两个地区的文学、音乐、艺术等方面的素材进行涵盖，学生将更好地理解美洲大陆的文化多样性。

其五，太平洋岛国的传统也应成为教材的一部分。通过对这些文化的深入了解，学生可以更好地领略大洋洲地区丰富而独特的文化景观。

2.语言和表达方式的多样性

在教材的编写中，除了关注文化的地域差异外，还需要注重语言和表达方式的多样性。这方面的素材涵盖了口音、方言、语法结构等多种语言元素，旨在帮助学生更好地适应多样的语言环境，提升他们的听说能力。

其一，针对口音的多样性，教材可以引入来自不同地区和国家的真实语音材料。通过让学生接触不同口音的英语，他们将更容易适应在跨文化交际中遇到的各种发音差异。这有助于培养学生对于多样口音的敏感性和理解能力，提高他们的听力水平。

其二，方言的差异也是语言多样性的一部分。通过教材引入不同地区的方言表达方式，学生可以更好地理解和应对在实际语境中可能遇到的方言差异。这样的素材设计有助于培养学生的语境感知和语言灵活性。

其三，语法结构的多样性也是一个重要考虑因素。不同文化的语言在语法上存在差异，教材可以通过比较分析的方式，让学生了解并掌握这些不同。这样的教学设计有助于增强学生的语法意识，使他们能够更灵活地运用语法规则，更准确地表达自己的意思。

3.社会层面的文化

文化不仅仅体现在语言中，还深刻影响社会结构、人际关系、礼仪规范等方面。因此，在教材中引入各种社会层面的文化元素，涵盖家庭观念、社会制度、职业文化等，对学生全面理解文化对人们行为和交往方式的影响具有积极意义。

一是，家庭观念作为社会层面文化的一部分，在不同文化中存在显著差异。教材可以通过引入不同国家和地区的家庭结构、家庭价值观等内容，使学生了解并比较各种家庭观念的异同。这有助于培养学生对于不同社会背景下人们生活方式和人际关系的理解。

二是，社会制度是文化的重要组成部分，涉及政治、法律、教育等方面。通过教材引入不同文化背景下的社会制度，学生可以更好地理解文化对于社会组织和运作的塑造作用。这有助于增强学生的社会意识和对多元文化社会的适应能力。

三是，职业文化也是社会层面文化的重要方面。不同文化中，人们对于工作、职业和商务交往存在着不同的看法和规范。通过教材引入职业文化的内容，学生能够更好地准备自己在国际职场中的表现，提高他们的职业跨文化交际能力。

（二）避免文化偏见

1.平衡呈现文化特征

在教材编写中，平衡呈现文化特征是至关重要的原则。避免对某一特定文化的过度偏重是为了防止向学生传递文化上的误导或偏见。因此，教材的设计应以平衡的方式呈现各种文化特征，旨在引导学生理解多元文化共存的现实，而非灌输单一文化观念。

第一，教材编写应注重文化元素的多样性。通过广泛搜集来自不同国家、地区和民族的文化素材，确保涵盖各种文化特征。这包括但不限于语言、习俗、传统、价值观等方面的内容。通过多样性的文化素材，学生可以更全面地了解不同文化之间的共性和差异，培养跨文化交际的综合能力。

第二，教材的设计应避免强调某一特定文化的优越性。教育的目的是启发学生的思考和理解，而非强加某一文化的观点。因此，在教材中不应给学生灌输单一文化的观念，而是以中立、客观的角度呈现不同文化特征。这有助于培养学生开放包容的文化观念，提高他们的文化敏感性。

第三，教材编写要注意避免对文化进行过度简化或刻板化的呈现。文化是复杂多元的，对于某一文化的单一刻板印象可能导致误解。因此，在教材中应

呈现更为真实和立体的文化描绘，让学生能够更深入地理解和尊重不同文化。

2. 文化解读的中立性

在教材引导学生理解文化时，维持中立性是至关重要的。这种中立性意味着教材不应偏袒或强调任何一种文化观点，而是鼓励学生以开放的心态去接触和理解文化，使他们能够超越刻板印象，真实地了解不同文化的多样性。

一是，中立性教材设计要确保对各种文化进行平等对待。这包括对不同国家、地区和民族的文化元素的充分呈现，避免过度侧重某一特定文化。通过广泛收集和整合来自全球范围内的文化素材，学生可以获得全面的文化体验，培养对多元文化的理解和尊重。

二是，中立性要求教材避免对文化进行过于简化或刻板化的描绘。文化是复杂多元的，通过展现文化的多样性和复杂性，学生能够更好地理解文化的深层次内涵。教材应以中立客观的方式呈现文化，不对任何一种文化进行片面或片段的表达。

三是，中立性的教材设计要注重激发学生的主动思考。通过提供引导性问题、案例分析等方式，教材可以引导学生以批判性思维去思考文化现象，而非强迫他们接受某一特定的观点。这样的设计有助于培养学生独立思考和判断的能力。

3. 引导学生反思

在教材设计中，引导学生进行文化反思是一项至关重要的任务。这涉及培养学生自觉地认识文化差异的存在，并在此基础上培养对不同文化的尊重和理解。与简单地强调某一种文化的优越性相比，这种反思能够更好地塑造学生的跨文化交际能力。

其一，文化反思的教材设计应当提供具体的文化情境，让学生置身于真实的文化交际中。通过展示各种文化背景下的场景、对话、行为等，学生可以更直观地感知文化的多样性。这样的设计不仅能够激发学生的兴趣，也使他们更容易理解和接受文化差异。

其二，教材要设置引导性问题，鼓励学生深入思考文化现象背后的原因和意义。例如，通过提问"为什么不同文化中存在这样的行为习惯？"或"这种文化差异对人际关系和社会互动有何影响？"等问题，促使学生对文化差异进行深入分析，培养他们的批判性思维和分析能力。

其三，教材应当强调文化的相对性，避免陷入文化绝对主义的陷阱。通过案例研究、对比分析等手段，教材可以展示同一文化现象在不同文化中可能呈

现出截然不同的面貌，从而引导学生接受文化相对性的观念。

最重要的是，文化反思的教材设计要注重培育学生的情感投入。通过真实而贴近学生生活的文化情景，引发学生的情感共鸣，使其更深刻地体会到文化差异对人际交往和理解的影响。这种情感体验有助于激发学生对文化交际的兴趣，并在情感上培养对多元文化的尊重和包容心态。

（三）文化透明度

1. 提高学生文化敏感性

为提高学生文化敏感性，教材设计应注重引导学生通过丰富的文化素材培养对文化背景的敏感性。以下是相关的设计原则和方法。

首先，教材可以通过真实跨文化对话的呈现，使学生直接接触来自不同文化背景的语言表达和交流方式。这可以包括日常生活中的对话、商务交往、社交场合等，通过这些情境，学生将更容易感知文化差异并逐渐适应多元文化环境。

其次，引入文学作品作为文化素材，如诗歌、小说等，可以帮助学生通过文学的角度深入理解不同文化的审美观、价值观和情感表达。文学作品中常常蕴含着深刻的文化内涵，通过学习这些作品，学生可以更全面地了解文化的多样性。

再次，利用音视频材料也是提高学生文化敏感性的有效途径。通过展示不同文化的日常生活、传统习俗、庆典等，学生能够更生动地感受文化差异，提高对文化背景的敏感性。这也有助于拓宽学生的文化视野，使他们在跨文化交际中更加游刃有余。

此外，教材设计还应当注重培养学生的观察力和理解力。通过引导学生仔细观察文化细节，例如礼仪规范、面部表情、身体语言等，使其逐渐形成对文化差异的敏感性。这种培养可以通过对案例分析、互动讨论等方式实现，激发学生主动思考和学习的兴趣。

最后，教材设计还可以通过情景模拟和角色扮演的形式，让学生亲身经历跨文化交际的情境。通过模拟实际的文化交流场景，学生将更深刻地感受到文化的影响，提高对文化背景的敏感性。

2. 深入文化背后的价值观

在教材设计中，有必要引导学生深入理解文化背后的价值观、信仰和行为方式。教育的目标应当超越文化表面现象，促使学生认识到文化对个体和社会

的深层次影响，培养他们对文化多样性的理解和欣赏能力。

一是，教材可以通过深入挖掘文化的核心价值观，帮助学生理解文化传承的本质。这包括对于家庭观念、社会制度、人际关系等方面的深入分析。通过学习这些核心价值观，学生能够更全面地理解文化是如何影响着人们的思考方式和行为准则的。

二是，教材可以通过引入不同文化的信仰体系，使学生更深入地了解文化对人们信仰的引导作用。这可以包括宗教、哲学、道德观念等方面的内容。透过这些信仰体系，学生将更好地理解文化对人们生活方式和社会规范的塑造作用。

三是，教材设计还应引导学生关注文化背后的行为方式和习惯。通过对文化中的礼仪规范、传统仪式等方面的深入探讨，学生能够更全面地了解文化对人们日常生活的影响。这也有助于他们更好地融入不同文化环境，提高跨文化交际的灵活性。

四是，教材还可以通过实际案例和个人经历的分享，让学生深入感知文化背后的情感和情绪。这种情感层面的理解可以使学生更加亲近和尊重不同文化，培养他们的情感智慧，使跨文化交际更加顺畅。

五是，教材设计要追求在学生中培养对文化多样性的真实理解和欣赏。这并非简单地灌输知识，而是通过引导学生进行深层次的思考和体验，使他们在文化交际中能够更全面地认知和尊重他人。通过这样的教材设计，学生将更有可能在跨文化环境中具备更高水平的交际能力。

二、整合跨文化素材的教材设计

在教材的设计中，整合跨文化素材是培养学生跨文化交际能力的重要手段。以下是相关的教材设计方法。整合跨文化素材的教材设计架构图如图 6-2 所示。

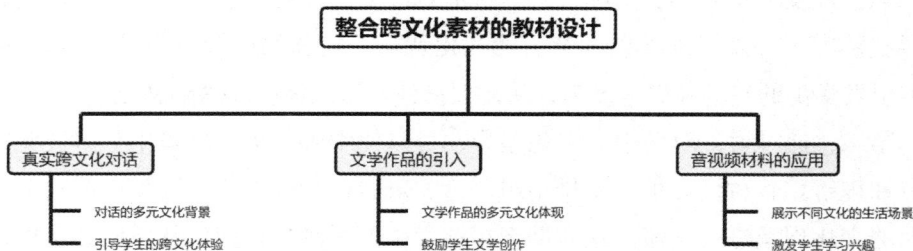

图 6-2　整合跨文化素材的教材设计架构图

（一）真实跨文化对话

1. 对话的多元文化背景

在教材设计中，引入真实的跨文化对话是培养学生多元文化背景认知的有效方式。通过选择生动、具体、富有代表性的对话素材，教材可以展示不同文化之间的语言表达和交流方式，使学生在学习语言的同时，深刻体验文化的融合与碰撞。

一是，对话素材应该覆盖多个文化背景，涵盖不同国家、地区和民族的日常生活、工作场景、社交活动等方面。这有助于学生全面了解不同文化的语境和交际特点，拓宽他们的文化视野。

二是，对话内容应当具有生活化和实用性，贴近学生的日常生活和实际需求。通过展示真实的对话场景，学生能够更容易地将所学语言运用到实际交流中，提高他们的语言应用能力。教材设计还可以通过对话中的语音、语调、表情等方面进行注解，引导学生注意不同文化之间的语音差异和非语言表达方式。这样的设计不仅有助于提高学生的口语交际能力，也培养了他们对多元文化语境的敏感性。

三是，教材设计可以采用角色扮演、小组讨论等形式，让学生在模拟跨文化对话中亲身体验，促使他们更深刻地理解和感受不同文化的交际风格。这种互动式的学习方式有助于培养学生的实际交际能力和文化适应力。

2. 引导学生的跨文化体验

在教材设计中，通过真实跨文化对话的呈现，有助于引导学生进行深刻的跨文化体验。为了实现这一目标，教材设计可以采用多种方式，包括提出问题、讨论对话中的文化差异、模拟跨文化情景等。

第一，提出问题是激发学生跨文化思考的有效途径。通过在教材中引入具体问题，涉及文化差异、交际方式、价值观等方面，可以引导学生在对话内容中寻找答案，并思考这些差异背后的文化背景。问题的设置应当具有启发性，能够引发学生的兴趣和思考欲望，从而促使他们深入体验和理解文化差异。

第二，通过讨论对话中的文化差异，可以使学生在集体环境中分享彼此的观点和理解。教材设计可以安排小组讨论、班级讨论等形式，让学生就对话中涉及的文化现象进行交流。这有助于拓展学生的思维，让他们从不同的角度审视跨文化对话，形成更全面的认识。

第三，模拟跨文化情景也是促使学生跨文化体验的有效手段。通过设计情景模拟，让学生扮演不同文化背景的角色，参与跨文化对话，使他们在模拟情境中亲身感受不同文化之间的交际挑战。这样的实践性活动有助于培养学生的实际应用能力，提高他们在真实跨文化交际中的适应性。

通过以上设计，教材可以更全面地引导学生进行跨文化体验，激发他们对文化多样性的兴趣和认识。这种体验式的学习方式不仅有助于提高学生的跨文化交际能力，同时也培养了他们对多元文化的敏感性和理解力。

（二）文学作品的引入

1. 文学作品的多元文化体现

在教材设计中引入跨文化的文学作品，如诗歌、小说等，是培养学生对多元文化的理解和欣赏的有效途径。通过选择代表性的文学作品，涵盖不同国家和地区的文学传统，教材设计可以通过文学的角度深入学生对不同文化的审美观和情感表达的理解。

一是，通过引入跨文化的诗歌，教材设计可以传达不同文化对于语言艺术的独特诠释。诗歌往往是文学中表达情感、价值观和思考的一种精致形式。通过学习不同国家和地区的诗歌，学生可以感受到语言的美感和文化的深层内涵。比如，中国古典诗歌强调意境的描绘，而西方现代诗歌可能更注重形式的实验，这些都展示了文学在不同文化中的多样性。

二是，小说作为文学作品的一种重要形式，也可以在教材中得到广泛应用。引入不同国家和地区的小说，使学生通过文学作品更深入地了解特定文化的社会结构、道德观念、历史传统等方面。比如，通过阅读日本文学作品，学生可以体验到日本文化中强烈的集体主义和情感的内敛，而通过阅读美国文学，可以感知到美国文化中个人主义和自由的价值观。

三是，通过文学作品的多元文化体现，教材设计可以激发学生对不同文化的好奇心和深层次思考。学生在文学作品中感受到的情感、人性、道德等方面的共鸣，将有助于培养他们更全面、更开放的跨文化视野。

2. 鼓励学生进行文学创作

通过文学作品的学习，鼓励学生进行文学创作，是一种促进语言表达能力提升和深度理解不同文化的重要途径。这一过程不仅使学生成为更有表达力的语言使用者，还为他们提供了更深刻的文化体验。

其一，文学创作是学生通过自己的文字表达理解和感悟的方式。通过参与文学创作，学生能够将自己对文学作品的理解和对文化的感悟通过独特的方式呈现出来。这种创作过程不仅锻炼了学生的语言表达能力，还培养了他们对文学和文化的独立思考能力。

其二，文学创作的过程中，学生能够深度体验和理解不同文化的精髓。通过创作，他们可能选择表达自己对文化传统、社会问题、人际关系等方面的看法，从而更深入地了解和感悟不同文化中的智慧和情感。这种深度体验有助于拓宽学生的文化视野，提升他们的跨文化交际能力。

其三，文学创作也为学生提供了一个自由发挥、展示个性的平台。每个学生的文学创作都是独特的，反映了他们独特的思考方式和文化体验。这样的个性表达不仅能够促进学生的创造性思维，也为跨文化交际中展示个体差异性提供了机会。

（三）音视频材料的应用

1. 展示不同文化的生活场景

在教材设计中，运用音频和视频材料向学生展示不同文化的生活场景是一种极为有效的手段。通过这样的视听方式，学生可以更直观地感受到文化的多样性，提高对文化差异的感知水平，从而更好地理解和尊重不同文化之间的差异。

第一，通过音频和视频材料，教材可以呈现不同文化的日常生活。这包括但不限于不同国家和地区的人们在家庭、工作、学习等方面的生活场景。学生可以通过观看和聆听了解到不同文化中人们的日常行为、言谈举止、生活习惯等方面的差异，从而形成更为全面的文化认知。

第二，传统习俗是文化的重要组成部分，通过音频和视频材料展示不同文化的传统习俗，有助于学生深入了解文化的历史渊源和文化传承。这可以涉及节庆、婚礼、宗教仪式等各类传统活动，通过真实的视听资料，学生可以亲身感受到这些传统习俗在人们生活中的重要性，进而理解文化背后的价值观和信仰。

第三，通过音频和视频材料呈现文化庆典也是一种有益的方式。不同文化中的庆典活动反映了人们对于特定事件或价值的重视，通过展示这些庆典，学生可以更生动地了解到文化中的欢庆氛围和共同体验，进一步拉近彼此文化的距离。

2.激发学生学习兴趣

在教材设计中，激发学生学习兴趣是培养其跨文化交际能力的重要目标之一。为实现这一目标，教材的音视频素材选择至关重要，需要具备生动有趣、具有代表性的特点，以引发学生的好奇心和主动学习的积极性。

一是，音视频素材应具备生动有趣的特质。通过选择那些富有活力、引人入胜的文化活动和传统，教材能够在视听上给予学生愉悦的感受，从而激发他们对学习的兴趣。这可以包括欢快的庆典场面、有趣的传统仪式、具有独特风格的文化表演等，使学生在学习的过程中不仅仅是获取知识，更是体验和享受文化的魅力。

二是，音视频素材应当具有代表性。选取反映文化特色、独具代表性的素材，有助于学生更全面地理解一个文化的内涵。这可以通过展示一个国家或地区独特的传统庆典、特色风俗等来实现，使学生通过具体的例子深入了解文化的独特之处，进而对该文化产生更浓厚的兴趣。

通过激发学生对不同文化的好奇心，教材的设计能够引导学生更加积极主动地投入学习中。这不仅有助于他们更深入地理解和尊重跨文化差异，也为他们构建积极的学习态度奠定了基础。综上所述，通过选择富有趣味性和代表性的音视频素材，教材设计能够在激发学生学习兴趣方面发挥重要作用，为跨文化交际能力的培养提供有力支持。

第二节　借助多媒体和互联网资源的教学创新

多媒体和互联网资源的应用为跨文化交际教学提供了更为广阔的空间，有助于提高教学的趣味性和实效性。

一、制作多媒体教学资料的技术应用

（一）制作文化元素丰富的 PPT

1.利用图像和文字展示文化差异

在高校英语教学中，借助多媒体资源如 PPT，教师得以通过图像和文字生

动展示不同国家的风土人情、传统习俗等文化元素，从而使学生更直观地感受到跨文化的差异。这样的教学手段极大地促进了学生对于文化多样性的深刻认知。举例而言，教师可以通过比较中国和美国的节日庆祝方式，引导学生思考两国文化的差异与相似之处。通过PPT中精心选择的图像，学生能够观察到不同国家独特的庆典仪式，同时通过文字解说，理解其中的文化寓意。这种直观感知文化的方式有助于学生从感性认知层面深刻理解并记忆文化差异。

教师在PPT制作中的关键是结合图像和文字，使两者相互呼应，相得益彰。图像的选择需要考虑到其生动性和代表性，以最大程度地激发学生的兴趣。同时，文字的解说要简洁明了，侧重于文化元素的解释，使学生在观察图像的同时能够更好地理解文化内涵。例如，通过展示中国春节的传统红灯笼和美国感恩节的火鸡宴，教师可以引导学生思考文化的背后所蕴含的价值观和历史传承。

此外，教学中还可以利用PPT中的动画效果，将图像和文字有机地结合，增强教学的趣味性。通过图文并茂的PPT呈现，学生将更容易被吸引，从而更主动地参与到文化差异的学习中。在比较不同国家的节日庆祝方式时，可以运用PPT的动画效果，逐步呈现各个环节，使学生更系统地了解文化活动的全貌。

2. 嵌入音频和视频

在高校英语教学中，嵌入音频和视频成为一项富有创新性和学术价值的教学策略。通过在PPT中嵌入地道的语音和视频片段，教师能够为学生提供更为真实的语言环境，从而有效提升学生的听说能力。这一教学手段不仅为学生提供了模仿正宗语音的机会，同时也让他们能够观察到不同文化下人们的真实交流方式，从而更好地融入语境。

通过嵌入地道语音，学生能够听到母语人士的发音，感知语言的音调、语速和语气等方面的细微差异。这种直接接触真实语音的方式，有助于学生形成准确而自然的语音模式，提高他们的口语表达水平。例如，通过播放地道英语节目中的对话片段，学生能够模仿并学习到地道的英语口音和语调，使其在实际交流中更具自信和流利度。

除了语音，嵌入视频片段也能够为学生提供直观的视觉体验。通过观察不同文化下人们的真实交流方式，学生可以更全面地理解语言表达背后的文化背景。例如，通过播放某一国家的庆典活动的视频，学生不仅能够听到语言的运用，还能够看到人们的肢体语言、面部表情等非语言交流的要素。这样的实例有助

于学生培养跨文化交际的能力，提高他们在真实语境中的交际效果。

嵌入音频和视频的教学策略同时也激发了学生的学习兴趣。通过生动的语音和视觉呈现，教学内容更加具体、生动，使学生更容易投入到学习过程中。这样的学习体验有助于提高学生对英语学习的积极性和主动性，促使他们更深度地参与到语言学习中，从而提高学习效果。

（二）视频制作与虚拟现实（VR）的结合

1.制作文化体验视频

在高校英语教学中，采用制作文化体验视频的教学方法展现出了极大的创新性和学术价值。教师与学生共同参与制作文化体验视频，让学生在其中扮演不同文化背景的角色，从而实现了对文化差异的更为深刻地理解。这种参与式学习的方式不仅激发了学生的学习兴趣，同时也为跨文化交际教学提供了独特的教学策略。

通过与学生合作制作文化体验视频，教师能够将理论知识与实际应用相结合，使学生在真实的情境中体验文化差异。例如，学生可以通过角色扮演参与到文化庆典、家庭生活、职场交流等不同场景中，从而更加全面地感受和理解不同文化下的行为方式、语言表达以及社交礼仪等方面的异同。这样的实践性学习有助于加深学生对文化的认知，使其更好地掌握跨文化交际所需的技能。

制作文化体验视频的过程中，学生还能够发挥创意，通过影像、对白、音效等多种元素，展现出对于所学文化的独特理解。这不仅培养了学生的创造力和表达能力，同时也促使他们主动参与到学科学习中。例如，学生可以选择用不同的表情、语调演绎文化中的典型情境，从而表达出对文化背后深层次内涵的理解。这样的个性化表达不仅激发了学生的学科兴趣，也增加了教学的趣味性。

此外，制作文化体验视频的教学策略还提供了学生与教师之间更为密切的互动机会。通过共同参与视频制作的过程，学生与教师能够建立更加平等和紧密的合作关系。教师可以在实践中指导学生理解文化的细微差异，引导他们深入思考文化交际中的挑战和机遇。这种互动模式有助于学生在开放、合作的氛围中更好地发挥个人潜力，培养团队协作的能力。

2.利用虚拟现实提升身临其境的感觉

在高校英语教学中，借助虚拟现实技术的应用，教师得以创建一种全新的学习体验，提供更为身临其境的文化感知。通过构建虚拟文化场景，学生仿佛被置身于当地环境，这种虚拟体验不仅激发了学生的好奇心，还在很大程度上提高了他们的身临其境感觉，促使更深层次的文化思考。

虚拟现实技术为英语教学注入了新的活力，教师可以通过虚拟现实设备创建各种文化场景，如街头巷尾、历史古迹、文化艺术展览等。学生戴上虚拟现实头显，仿佛瞬间置身于目标文化的实际环境中。例如，学生可以在虚拟环境中漫步于巴黎的塞纳河畔，感受法国文化的浪漫氛围，或者在虚拟古代市场中体验古罗马的贸易文化。这样的虚拟体验超越了传统的课堂教学，为学生提供了更为直观和深刻的文化感知。

通过虚拟现实技术，学生能够与文化场景进行互动，增强他们的参与感。在虚拟环境中，学生可以自由移动、观察、交互，甚至与虚拟人物进行对话。这种互动性的学习方式有助于激发学生的学科兴趣，使他们更深度地融入文化学习中。例如，在虚拟古代市场中，学生可以与虚拟商贩交流，了解当地的商品、价格和贸易方式，这样的互动性学习不仅增加了趣味性，也促使学生更深层次地思考文化交流中的社会经济因素。

另一方面，虚拟现实技术还能够提高学生对文化情境的身临其境感受。通过虚拟现实的视觉、听觉等多感官体验，学生能够更全面地感知当地的氛围、声音，甚至气味。这样的感官体验有助于加深学生对文化的情感连接，使他们更为深入地理解文化差异。例如，学生在虚拟环境中听到当地的传统音乐，感受异国风情的氛围，从而更加全面地体验文化的多样性。

二、利用互联网进行跨文化资源共享

（一）互联网获取真实资讯

1. 引导学生浏览跨文化新闻网站

在高校英语教学中，引导学生浏览跨文化新闻网站成为一项具有实际价值和学术意义的教学策略。通过引导学生主动参与互联网浏览跨文化新闻网站，教师能够为他们提供一个及时获取最新文化动态和事件的途径。这种实时获取的方式不仅能够帮助学生更迅速地了解文化的变化和发展，还有助于提高他们的文化敏感度。

跨文化新闻网站提供了一个丰富多彩的文化信息平台，教师可以引导学生通过浏览这些网站，了解不同国家、地区的文化现象、社会事件和人物动态。

例如，学生可以通过阅读关于不同国家文化庆典、社会变革、文化冲突等方面的新闻报道，深入了解当地文化的特点和发展趋势。这样的实时了解方式有助于学生在教学过程中紧跟文化的变迁，更加全面地认知各个文化领域。

通过浏览跨文化新闻网站，学生不仅能够获取文化信息，还能够培养对文化问题的独立思考能力。教师可以引导学生关注不同文化之间的联系与冲突，促使他们在阅读新闻报道的过程中思考文化多样性的重要性。例如，学生在浏览关于国际合作、文化交流的新闻时，可以思考不同文化如何在全球范围内相互影响，进而形成对文化互动的深刻理解。

此外，通过互联网浏览跨文化新闻网站，学生还能够提高英语阅读和理解能力。阅读新闻报道通常涉及专业术语和复杂语境，这对学生的语言水平提出了一定的挑战。因此，通过这一方式，学生可以在阅读新闻的过程中不仅提升词汇量，还能够锻炼对语言表达的理解和把握。

2. 制定网络调研任务

在高校英语教学中，设计网络调研任务成为一项促使学生进行自主学习、深入了解跨文化差异的重要教学手段。通过制定网络调研任务，教师可以要求学生使用互联网搜索与某个国家相关的文化背景信息，包括该国的历史、习俗、传统艺术等。这样的学习活动不仅能够锻炼学生的自主学习能力，还有助于加深他们对文化多样性的认知。

在网络调研任务中，学生将会面临搜索、筛选和整理信息的挑战，这有助于培养他们的信息获取和处理能力。通过利用互联网搜索引擎，学生需要选择相关性高、可信度强的文化信息来源，这要求他们具备批判性思维和信息评估的技能。例如，学生在了解某国历史时，需要从多个角度比较不同来源的信息，以确保获得全面而准确的历史背景。

此外，网络调研任务还激发了学生对文化差异深入探讨的兴趣。通过深入挖掘某国的习俗、传统艺术等方面的信息，学生能够更全面地了解该国文化的独特之处。例如，他们可以研究该国传统节日的起源、庆祝方式，以及相关的文化符号和仪式。这样的深入调研活动有助于学生形成对文化多元性的深刻理解，培养跨文化交际所需的文化敏感度。

在网络调研任务的过程中，学生还会学到有效利用互联网资源的技能。他们需要熟练运用搜索引擎、学术数据库等工具，以高效获取所需信息。这不仅

提升了学生的信息素养，也为他们今后在学术研究和职业生涯中的信息管理奠定了基础。

（二）参与在线文化交流社区

1. 创建虚拟文化交流平台

在高校英语教学中，教师的创新角色不仅在于传授知识，更在于激发学生的兴趣和提升实际语言运用能力。为了促进跨文化理解和加强学生的英语口语表达能力，教师可以积极组织学生参与虚拟文化交流社区。这个虚拟平台可以成为一个全球性的交流空间，使学生与来自其他国家的同龄人进行在线交流，促进不同文化之间的理解与友谊。

虚拟文化交流社区为学生提供了一个开放的平台，使他们能够通过在线交流与其他国家的学生进行真实而有趣的互动。这种形式不仅仅是语言学习，更是文化学习的过程。教师可以引导学生以小组为单位，参与各种虚拟文化交流活动，例如在线讨论、合作项目、文化分享等。通过这样的社区，学生能够在轻松的环境中提高英语口语表达能力，同时深入了解不同国家的文化差异。

通过参与虚拟文化交流社区，学生将直接面对真实的英语交流环境，促使他们更快地适应和提高语言运用能力。在与外国学生的交流中，学生将不仅仅学习语言，还将了解到文化差异对语言使用的影响。例如，通过与其他国家的学生分享自己国家的文化特色，学生将更加深入地理解文化对于语言的塑造作用，培养跨文化交际的敏感度。

这样的虚拟文化交流平台也有助于学生发展更广泛的交际技能。学生将不仅仅在书本上学到语法和词汇，还能够在实际的语境中运用所学知识。这对于提高学生的语言运用能力、拓展词汇量和提升口语流利度都具有积极作用。同时，学生在与其他国家的学生互动中，还能够学到地道的口语表达方式，丰富自己的语言风格。

2. 利用社交媒体分享跨文化体验

在高校英语教学中，教师可以积极鼓励学生利用社交媒体平台分享自己的跨文化体验，例如在国外旅游时的见闻、当地人的生活习惯等。这种创新的学习方式不仅有助于学生个体的文化认知和体验，同时也能够促使更多的跨文化交流，提高学生的文化敏感度。

通过社交媒体平台分享跨文化体验，学生可以以图文、视频等多种形式呈

现自己在不同文化背景下的所见所闻。例如，在国外旅游时拍摄的照片、录制的视频，或是对当地风土人情的文字描述，都可以成为分享的素材。这样的分享不仅能够拓宽学生的视野，还可以通过生动形象的方式传达文化差异，使得跨文化体验更加具体和深刻。

此外，通过社交媒体的分享，学生能够与更广泛的受众进行文化交流。他们的朋友、同学，甚至是陌生人都有可能关注并回应这些分享，从而形成一个开放的交流平台。这种交流不仅仅限于语言交际，还包括通过图片、视频等多媒体形式传递文化信息。这样的互动不仅促进了学生间的文化分享，还有助于建立全球性的社交网络，推动跨文化交流的深入。

通过在社交媒体上分享跨文化体验，学生还能够发展自己的社交和沟通技能。他们需要考虑如何生动地表达自己的体验，如何吸引观众的关注，如何回应不同文化背景的人的提问和评论。这样的交流过程促使学生更加注重语言的选择、信息的传递方式，培养了他们在实际社交场合中的语言和文化适应能力。

在教学过程中，教师可以引导学生分析社交媒体上的跨文化分享，从中获取更深层次的文化理解。学生可以通过评论、讨论等方式分享对他人分享的跨文化体验的看法，形成一个开放的交流环境。这种互动有助于学生更全面地认知和理解不同文化，提高他们对文化多样性的敏感度。

三、典型案例

案例以网络资源平台下高校茶文化英语翻转教学准备为入手点，简要阐述了网络资源平台下高校茶文化英语翻转教学方案与反思，希望为网络资源平台下高校茶文化英语翻转教学活动的顺利开展提供一些参考。

（一）网络资源平台下高校茶文化英语翻转教学的意义

1.激发学习自主性

网络资源平台下的翻转课堂教学模式为高校茶文化英语教学带来了革命性的变化。这种创新教育理念不仅颠覆了传统的教学方式，更在激发学习者自主性方面展现了巨大的潜力。在传统教学中，学生往往是被动接受知识的对象，而在翻转课堂中，学生通过网络资源平台自主寻找学习内容，改变了这一被动的角色。在高校茶文化英语教学中，这种转变意味着学生能够更加灵活地选择学习方式和学习内容，使得学习过程更为个性化和有趣。

通过网络资源平台，学生可以自觉地深入茶文化英语的学习内容，不再依赖传统教材的限制。他们可以利用多样的网络资源，包括视频、文章、音频等，从不同角度了解茶文化，拓展知识面。这样的自主学习过程激发了学生对英语学习的主动性，培养了他们独立思考和问题解决的能力。茶文化英语课堂因此由以往的高度统一化演变为高度个性化，学生的学习兴趣和主动性得到了更好地发挥。

此外，网络资源平台下的翻转课堂模式还通过科技促学，使得茶文化英语的学习更具科技感。学生可以利用在线资源随时随地学习，不再受制于传统教室和时间的限制。这样的灵活性不仅提高了学生的学习效率，也使得他们更容易融入学习状态。茶文化英语的学习过程因此变得更加生动有趣，更加符合学生的学科背景和兴趣爱好。

2. 增强师生交互性

在传统高校英语课堂中，教学氛围往往呈现出僵硬、沉闷的特点。教师主导的教学模式限制了师生之间的交互，学生成为被动接受者，难以真正理解和投入到茶文化英语的学习中。而在网络资源平台下的翻转课堂模式中，交互性得到了极大地增强，对于高校茶文化英语教学带来了显著的变革。

通过应用翻转课堂教学，教师与学生之间的互动不再仅限于传统课堂上的教学讲解，而是在网络资源平台上展开。教师可以通过在线平台发布学习资源、提供学习指导，随时了解学生的学习进展并及时给予反馈。这样的交互性使得教师能够更好地把握学生的需求，根据实际情况调整教学策略，提高教学的针对性和实效性。

在网络资源平台下，学生之间的交互也得到了促进。学生可以在平台上分享学习心得、提出问题，通过讨论区、在线小组等形式展开学术交流。这种多方向的信息交互有助于学生之间相互学习，形成合作学习的氛围。教师可以参与到学生的讨论中，及时解答疑惑，引导学生深入思考，形成良性循环。这样的交互性使得茶文化英语教学更具活力，更符合现代学生的学习方式和需求。

（二）网络资源平台下高校茶文化英语翻译教学准备

1. 教学用材料分析及拓展

（1）现有教学用材料分析

当前高校茶文化英语翻译教学所使用的教学用材料主要以中国茶文化为主

题，包含了大量茶文化相关的词汇和语法。然而，对于文化氛围的创设以及浸染方面仍存在一些不足。现有教材可能更注重语言层面，而在文化传达上显得相对单薄。对于学生来说，仅仅通过语法和词汇学习，很难真正体验到茶文化的丰富内涵。

（2）拓展教学用材料的手段

在课程开展前，教师可以通过利用现有手段，特别是网络资源平台，从权威茶文化网站中精心选择与课程内容相关的信息。这包括茶文化的历史渊源、不同种类的茶叶及其制作过程、茶道的传统仪式等方面的资料。通过筛选和汇总这些信息，可以使教学用材料更加丰富全面，满足学生对茶文化多方面了解的需求。

（3）教学用材料的创新

教师还可以通过创新手段，如引入多媒体素材、短视频、音频等形式，增强教学用材料的吸引力。例如，可以采用虚拟参观茶园、名茶品鉴的视频，使学生能够更直观地感受到茶文化的魅力。这样的创新可以提高学生的学习兴趣，使茶文化英语的翻转教学更具吸引力。

2.学生分析

（1）学生的责任感与文化输出需求

在网络资源平台下，越来越多的高校生认识到利用英语讲述传统文化的重要性。这反映了学生对本国传统文化的一种责任感，同时也表明了他们愿意通过语言学习来了解并向外国输出传统文化。因此，在茶文化英语翻转教学中，教师可以激发学生的责任感，鼓励他们通过英语学习更好地传播和展示中国茶文化。

（2）英语学习现状与需求分析

尽管学生对文化输出有责任感，但由于以往英语教育手段的限制，部分高校生在英语茶文化交际方面仍存在一些问题。首先，词汇基础相对薄弱，可能无法准确表达茶文化相关的概念。其次，语法应用可能存在不正确的问题，影响了他们在英语环境下流利沟通的能力。因此，教师在进行茶文化英语翻转教学时需要重点关注并针对这些问题展开教学。

（3）个性化教学与学科结合

在网络资源平台下的翻转教学模式下，教师可以更灵活地根据学生的个体

差异进行个性化教学。了解学生的英语学习需求、兴趣爱好、学科背景等方面的信息，有助于教师更有针对性地设计教学内容，使其更符合学生的实际情况。

从而提高学习的有效性。例如，对于那些在词汇和语法方面相对薄弱的学生，可以提供更为详细的学习材料和个性化的语法指导，以帮助他们更好地理解和运用英语表达茶文化。同时，结合学生的专业背景，可以设计与茶文化相关的学科知识点，深化学生对茶文化英语的理解。

（三）网络资源平台下高校茶文化英语翻转教学实践

1.课前准备

在展开课程之前，教师需要根据高校生的认知水平设计不同难度的测试题目，以初步了解学生对茶文化英语的了解程度。通过对高校生对茶文化英语了解程度的测试，教师可以结合学生的认知水平，制定多维度的学习目标。

（1）多维度学习目标的设置

教师可以根据学生的认知水平，设定多维度的学习目标。通过观看视频，学生可以了解茶的生长过程和分类；借助图片和生词提示，他们可以阅读茶文化相关故事；通过深入了解茶文化，培养对传统文化的热爱等。在制定学习目标时，教师应确保目标既符合高校生的水平，又有一定的挑战性，以激发学生的学习兴趣。

（2）教学资源的准备

为了支持高校生的自主学习，教师可以在网络资源平台中搜索并下载 5~8 分钟左右的短视频，或者制作 PPT 演讲稿和直播视频。这些资源应当将需要讲解的茶文化知识划分为不同的模块，例如茶道、茶艺、茶具等，以便为高校生的自主学习提供支持。在选择或制作教学资源时，教师要注重趣味性，并确保资源与高校生的学习基础相符。

（3）自主学习任务的布置

根据多维度学习目标，教师可以布置课前的自主学习任务。例如，在教学过程中涉及"Morning tea"相关内容时，教师可以设置以下自主预习任务：

①浏览与"Morning tea"相关的视频内容，掌握与早茶相关的词汇表达。

②阅读原文词汇，并运用这些词汇制作句子。

③利用这些词汇撰写大约 100 字的摘要，总结对早茶的理解。

通过高校生完成自主预习任务的过程，教师可以通过网络资源平台实时了

解学生的学习进度，并跟踪其问题输出、思考、讨论和解答过程，为后续面授教学内容的调整提供有力依据。这种方式有助于个性化教学和更有效地学生参与。

2. 课中操作

在茶文化英语翻转教学过程中，教师以"Tea girl visits grandpa Gu Shu"为主线，通过网络资源平台向高校生展示茶生活的地理环境、制作过程、泡茶要点，并将英语听说读写等内容融入其中，激发高校生对茶文化的兴趣，潜移默化地提升他们的英语综合能力。

（1）引入环节

在"lead in"环节，教师可以通过网络资源平台播放视频，"I'm a tea girl. I live in a tea garden now. So where is my hometown"引入课文。主人公"tea girl"的出现引出"the old tree grandpa"，通过视频展示初步了解角色特征，激发高校生的好奇心。

（2）主题介绍

引入主题后，以"Introduction"为关键词，利用网络资源平台随机抽样法，选择学生展示预习成果，并鼓励其他学生进行补充，为高校生运用英语表达茶文化的能力提升奠定基础。在适当条件下，教师可以利用网络资源平台的茶文化词汇翻译、造句或配音资源进行随堂测试，引导高校生关注教学主题。

（3）学生互动

在学生展示完毕后，教师涉及"Follow the whole process""Watch video dubbing""retell"等环节，要求高校生跟随网络资源平台中的视频，跟读文本，并通过讨论问题"How to be a tea？"展开学生互动。以"rain""sunshine""dew""breeze"为关键词，尝试解读篇章注意内容，完成新知学习。在此基础上，从"tea girl""tea grower"等角度进行配音，并思考问题："What's the tea growers job？"通过组织高校生在网络资源平台中与原文互动，帮助他们了解茶的制作工艺，包括生茶、熟茶的表达。

通过这样的课中操作，教师能够利用网络资源平台充分展示茶文化的方方面面，同时引导学生深入参与，提高他们的英语听说读写能力，使茶文化英语学习更加生动有趣。

3. 课后反馈与延伸

网络资源平台下的高校茶文化英语翻转教学在课后的延伸环节扮演着关键

角色，旨在巩固学生的学习成果，提供更多拓展性任务，促进深层次的理解和综合运用。

（1）形成性评价与自我认知

在延伸习题设置之前，教师首先进行形成性评价，评估学生在课前预习、课中跟读与配音方面的表现。这样的评价不仅能够为学生提供自我认知的机会，了解个体差异，也为后续延伸任务的制定提供依据。

（2）延伸习题设计

课后的延伸习题应基于文本内容，设计开放性问题，以促使学生对茶文化内涵有更深入的认知。例如，提出问题："Do you like the tea？ Why？"，鼓励学生表达个人观点并提供理由。同时，以 "How to make tea？" 为主题，设计英文小练笔或个人演讲题目，激发学生拓展词汇量，提升专题英语写作能力。

（3）多样化的课外活动

教师可以通过网络资源平台组织多样化的课外活动，进一步丰富学生的学习体验。例如，组织品茶小游戏，通过蒙眼听录音品尝不同口味的茶，引导学生说出茶的制作特点和文化内涵。通过线上共同品茶，学生能够在轻松的氛围中交流课程心得，加深对中国茶文化的理解。

通过这样全面的课后反馈与延伸设计，不仅巩固了学生的学习成果，更促进了他们在语言运用和文化理解方面的全面发展。这一系列活动的设计使学生能够更主动地投入学习，形成更为深刻的学习体验。

（四）网络资源平台下高校茶文化英语翻转教学反思

1. 成果评价

（1）词汇量和口语表达提升

在经过一段时间的网络资源平台下的高校茶文化英语翻转教学后，学生的词汇量和口语表达能力都得到显著提升。测试结果显示，整体词汇量增加了15%，其中25%的学生词汇量增长达35%。在客观题目中的得分明显提高，反映了学生在茶文化英语方面的积累和理解。

（2）口语表达成绩提升

学生在 5 分钟的单人演讲和 7 分钟的双人对话中表现较佳，口语平均成绩提高了 11.6 分左右，口语表达平均时长也增加了 1.7 分钟左右。在话语承接和转换等方面的反应能力显著提高，证明网络资源平台下的教学方式有效促进了

学生口语表达的发展。

（3）学生态度积极

通过调查问卷，多数学生表示通过网络资源平台下的翻转课堂，他们对茶文化英语的学习兴趣有了明显提升。他们认为茶文化词汇学习更加富有趣味，难度也相对降低。这表明翻转课堂模式有助于激发学生学习兴趣，提高学习动力。

2.不足之处

（1）情感升华层面未涉及

尽管使用微视频让学生了解更多关于茶的信息，但在具体教学过程中，未将重点延伸到"情感升华"层面。这导致学生对传播中华之美的茶文化了解不够深刻，也没有进一步拓展学生的语言输出空间。在后续教学中，需要注重情感因素，使学生更全面地理解茶文化。

（2）对学生自主性要求高

网络资源平台下的茶文化英语翻转教学对学生自主性提出了较高要求。教师应该更加精心地准备微视频，提供更充足的支持，鼓励学生自主学习。在课堂中，需要更多地激发学生展示自主学习成果的意愿，并及时进行评价和纠错。

（3）评价测试方案调整不足

在课后的评价测试方案上，未能充分考虑翻转课堂的特征，导致评价过程相对传统教学模式较为僵化。在后续教学中，需要更灵活地调整评价测试方案，促使学生能够在课后主动搜集、汲取茶文化英语知识。

网络资源平台下的高校茶文化英语翻转教学在提升学生词汇量、口语表达能力方面取得了明显成果。然而，仍需改进教学策略，加深学生对情感层面的理解，并更好地引导学生自主学习。在未来的教学中，应更加注重学生的个体差异，灵活调整评价方案，以更好地推动学生在茶文化英语领域的深度发展。

第三节　游戏化教学在跨文化交际能力培养中的应用

游戏化教学是一种富有创意和趣味性的教学方法，能够激发学生的学习兴趣，培养其跨文化交际能力。

一、游戏化学习理念分析

（一）游戏化学习理念的起源和演进

1. 游戏化的定义

游戏化（Gamification）的概念最早由英国计算机编程专家尼克·佩林（Nick Pelling）于 2002 年提出。其定义涵盖了在非游戏领域运用游戏设计元素和规则，以解决问题或达到特定目标的范畴。与传统游戏学习方式不同，游戏化学习并非直接让学习者参与教育游戏或严肃游戏，而是将游戏设计元素融入教学情境，以激发学习者的学习兴趣。

2. 游戏化学习与前身

游戏化学习的前身包括基于游戏的学习（Game-Based Learning，GBL）、教育游戏（Education Game）和严肃游戏（Serious Game）。这三者在学习者掌握知识或技能方面，通过一个完整的游戏进行教育。然而，在实际教学中，游戏化学习强调将游戏设计元素应用于教学情境，而非仅仅参与教育游戏或严肃游戏。

3. 游戏化学习的特征

游戏化学习在具体学科教学实践中体现出鲜明的特征。通过游戏的关卡任务，鼓励学生进行自主探究和团队协作。其目标是寓教于乐，以问题解决为驱动，并将学习内容回归到生活情境中。教师通过设计与使用游戏元素，激发学生学习兴趣，使其获得成就感和学习的动力。

（二）游戏化学习的实施方式

1. 支持工具的游戏化教学

游戏化教学的一种实施方式是将游戏作为课堂教学的支持工具。这包括电子化游戏或传统的非电子化游戏，如集体热身游戏、角色扮演、语言类游戏和计算机游戏等。选择游戏的类型取决于教学环境和内容的差异。

2. 整节课程设计成游戏系统

另一种实施方式是将整节课程设计成一个完整的游戏系统。学习内容被设计成多个小游戏元素，适用于那些无法具体化表现或课堂环节较少的教学情境。通过这种方式，学生在学习的同时能够全身心地参与，迅速进入学习状态，并

最终完成教学目标。

3.奖励与惩罚机制

在游戏化学习中，教师通过设计游戏任务，引导学生进行自主探究和团队协作。根据学生的任务完成情况，实施奖励或惩罚机制，以激发学生的学习动力。这种激励机制使学生能够在游戏中获得成就感，从而更积极地参与学习。

二、游戏化理念融入高校英语教学模式的意义

（一）体现以学生为中心的教学理念

将学生放在教学的核心位置是现代教育的一项基本理念。在大学英语教学中，将游戏化理念巧妙融入教学模式，不仅有助于培养学生的高阶思维能力，还能有效激发学生的学习动机。这种教学理念与以学生为中心的原则相契合，体现在多个方面。

第一，游戏化理念注重用户体验，强调以用户为中心。这与以学生为中心的教学理念一脉相承。在传统的教学模式中，教师往往是知识的主宰者，而学生则扮演被动接受者的角色。而引入游戏化元素后，学生成为学习的主体，能够更加自主地参与和探究知识。这种转变体现了教学中更加注重满足学生学习需求的理念，强调让学生在学习中体验到愉悦感和成就感。

第二，游戏化教学模式改变了传统的教学方式和内容。传统的大学英语教学可能面临单一的授课方式和相对呆板的教学内容，难以引起学生的浓厚兴趣。而游戏化教学的灵活性和趣味性，使得教学内容能够更贴近学生的实际需求和兴趣。这种个性化的教学方式体现了以学生为中心的理念，让学生更好地参与到学习过程中，提高学习的效果。

第三，学生在大学英语学习中普遍存在学习动机不足的问题。这主要源于中学阶段英语学习的被动性和缺乏清晰的学习目标。而游戏化教学通过引入外部奖励机制，如勋章、积分奖励、高分榜等，能够有效激发学生的外部动机，提高他们参与学习的积极性。这一点尤其符合以学生为中心的教学理念，强调通过满足学生的需求来促进其学习兴趣。

第四，随着网络和智能设备的普及，学生对于游戏场景的熟悉度逐渐增加。教师可以充分利用学生的游戏习惯，设计更具趣味性的课堂教学。这不仅有助于提高学生的参与度，还能够更好地激发其学习动机。通过结合学生的兴趣点，

以学生为中心的教学理念得以在实际教学中得到更好地体现。

（二）符合高校英语教师专业发展新要求

随着社会的发展和进步，对高校英语教师的专业发展提出了新的更高要求。将游戏化理念巧妙融入英语教学模式，是适应新时代教育需求的创新之举。这不仅符合社会对高校英语教师专业发展的新要求，还体现了教师在专业发展中的自主意识和创造性思维。

一是，教师不再仅仅是知识的传授者和政策的执行者，而是应该成为教学的主人。在改革的浪潮中，教师需发挥自主教学能力，深入了解学生的英语学习需求，因材施教，精准设计教学内容和教学环节。游戏化理念的引入正是为了激发学生的学习兴趣，使其在主动参与中更好地完成学业。这要求教师更加注重学生的个性化差异，以学生为中心，积极引导学生参与到学习中，真正做到主动学习，形成自主学习的习惯。

二是，面对知识更新速度的加快和交叉学科的增多，高校英语教师需不断提升自己的综合素养。除了掌握英语专业理论知识外，教师还应学习和了解其他关联学科的知识，实现跨学科融合。游戏化理念的应用正是一种创新思维的表现，教师可以通过学习信息技术、心理学等领域的知识，将游戏化理念灵活地运用于英语教学。这有助于丰富教学手段，提高教学效果，使学生在轻松愉快的氛围中更好地吸收知识。

三是，游戏化理念的来源和应用背景使其更具前瞻性。源自信息技术领域的游戏化理念，后被成功应用于教育学等领域，取得了良好的效果。教师将这一理念运用于英语教学，不仅能取得良好的教学效果，还能展现教师的创造性思维。这体现了教师在专业发展中勇于尝试、不断创新的精神，从而更好地适应新时代学生的学习需求。

（三）实现新媒体下英语教学模式的创新

在新媒体时代，结合游戏化理念、翻转课堂和线上线下混合式教学模式，是教师实现英语教学创新的有力手段。这种整合能够更好地适应新媒体环境，深度融合信息技术与英语教学，提升教学效果。在信息时代，多媒体和网络工具的广泛应用成为高校英语教学中的趋势，而新媒体平台如 MOOC（慕课）学院、腾讯会议、ClassIn（在线教室）等也为线上教学提供了便利。

研究发现，简单地将传统线下教学内容搬移到线上平台并不能达到理想的教学效果。因此，通过引入游戏化理念，结合翻转课堂和线上线下混合式教学，教师可以更灵活地应对新媒体环境下的英语教学挑战。借助游戏化应用资源，如百词斩、扇贝单词等，教师能够引导学生实现自主学习，同时将课内系统学习与课外碎片化学习相融合，提高学习的灵活性和趣味性。

实践证明，游戏化理念在在线学习中能有效提高英语教学效果。通过设计有趣的游戏化任务，教师可以激发学生学习的积极性和主动性，增强学生的学习动力。这种融合模式使得英语教学更加贴近学生的兴趣和需求，同时能够更好地应对新媒体环境下线上学习的挑战。

三、游戏化理念融入高校英语跨文化教学模式的方案

教学游戏教师可以设计具有跨文化元素的教学游戏，如角色扮演、文化问答竞赛等。通过游戏，学生能够在轻松愉快的氛围中学习并运用语言，同时感受到跨文化交际的乐趣。游戏设计要有一定的教学目标，确保学生在娱乐中也能够获得实际的语言和文化训练。游戏化教学有助于激发学生的主动性和参与度。通过参与游戏，学生会更主动地运用所学语言进行交流，积极参与到跨文化体验中。此外，游戏中的竞争、合作等元素也能够培养学生的团队协作和沟通能力，为其跨文化交际打下坚实基础。

（一）了解学生学习需求，明确教学目标

1.调查分析学生背景和需求

在制定游戏化跨文化教学方案之前，必须深入了解学生的学习需求和文化背景，这是一个至关重要的前提。为此，可以采用多种方式进行调查分析，其中包括问卷调查（附录一）、小组讨论和个别面谈（附录二）等方法。通过这些手段，可以收集学生在跨文化学习方面的需求，深入了解他们对英语学习的期望、兴趣点，以及他们在不同文化认知方面的水平。这样的信息可以帮助教师更准确地了解学生的学习动机，为后续的游戏设计提供有针对性地支持。

在问卷调查中，可以设计问题涵盖学生的文化兴趣、英语学习的目标、对跨文化交际的期待等方面，以全面了解学生的需求。小组讨论则能够促使学生在集体环境中分享彼此的看法，提供更为丰富的信息。此外，个别面谈则有助于深入挖掘每位学生的需求，了解他们个体差异和学习动机的更为细致的层面。

通过以上调查手段，教师能够建立起对学生学习需求和文化认知的全面认知。这有助于明晰学生的学习动机，把握他们的文化兴趣，为设计符合实际需求的游戏化跨文化教学方案提供了坚实的基础。整体而言，深入调查学生背景和需求是任何教学方案设计的基础，尤其是在游戏化跨文化教学中，因为这种模式更需要紧密契合学生的实际需求和兴趣点。

2.设定明确的教学目标

在充分了解学生需求的基础上，设定明确的教学目标是制定游戏化跨文化教学方案中的至关重要一环。教师需要明确期望学生通过这一教学模式能够达到的具体目标，涵盖语言水平、文化认知水平以及跨文化沟通能力等方面。这样的明确目标不仅有助于引导教学设计，还能确保游戏化教学与实际教学目标相一致，最终实现在提升学生英语水平的同时，拓宽其跨文化视野。

首先，在设定教学目标时，需要考虑语言水平的提升。具体而言，这可能包括英语听说读写各个方面的能力，根据学生的起点水平和学习需求，设定相应的语言目标，确保学生在游戏化跨文化教学中能够得到系统和全面的语言锻炼。

其次，文化认知水平也是设定目标时需要重点考虑的方面。这包括了解不同文化的背景、历史、传统等，以及培养对多元文化的尊重和理解。在游戏化教学中，可以通过设计涵盖不同文化元素的游戏任务，引导学生主动了解和思考，从而提升其文化认知水平。

最后，跨文化沟通能力也是一个重要目标。游戏化跨文化教学旨在培养学生在实际交际中运用英语的能力，因此，教学目标中可以明确希望学生通过游戏化活动培养出在跨文化交际中更为灵活、适应和有效的沟通技能。

（二）运用多种信息化教学手段

1.整合在线资源

为了更好地支持跨文化教学，我们应充分利用网络平台和在线资源，集成丰富的教学素材。通过引导学生利用多媒体、网络文章、短视频等形式，深入了解不同文化的习俗、传统和价值观，我们可以为他们提供更丰富、直观的跨文化学习体验，从而有效提高学习兴趣。

首先，网络平台为我们提供了广泛而深入的信息资源。通过整合在线文章、论坛、博客等文本形式的资料，学生可以更全面地了解不同文化的特点和差异。

这种形式的资源使学生能够自主选择感兴趣的主题进行深入研究，从而更好地理解文化内涵。

其次，利用多媒体资源，如短视频、图片和音频，可以提供更生动、形象的跨文化内容。通过生动有趣的视频，学生可以直观地感受到文化的独特之处，加深对跨文化概念的理解。这种形式的资源不仅有助于提高学生的学习积极性，还能够激发他们的兴趣，使学习变得更具吸引力。

最后，在线资源的应用不仅仅停留在传统文本和多媒体的整合上，还可以通过网络平台促进学生之间的交流与合作。通过在线论坛、社交媒体等工具，学生可以分享彼此对跨文化学习的见解和体验，从而促进互动和合作。这种交流模式不仅丰富了学生的学习来源，也拓宽了他们的文化视野。

2. 创新教学内容

为了更深入地创新跨文化教学内容，我们可以引入虚拟现实技术或在线文化体验项目，为学生提供更贴近实际的、身临其境的跨文化学习体验。这一创新教学方法能够有效激发学生的学习兴趣，提高他们的参与度，同时培养跨文化交际技能。

虚拟现实技术为学生提供了身临其境的文化体验。通过设计虚拟文化之旅，学生可以仿佛置身于目标文化环境中，感受到当地的风土人情、生活方式和社会习惯。这种沉浸式的体验有助于加深学生对文化的理解，激发他们对跨文化交际的主动探索欲望。例如，在虚拟环境中模拟特定场景的文化交流，学生可以在这个虚拟空间中与他人互动，提升实际语言运用能力。

此外，通过引入在线文化交流活动，学生可以与来自不同文化背景的同学进行实时交流。这种项目可以借助在线平台，使学生与目标文化的学习伙伴互动，分享各自文化的特色，从而增进对不同文化的了解。在线文化交流活动旨在打破地域限制，使学生能够轻松与世界各地的人互动，促进跨文化沟通技能的培养。

在创新教学内容的同时，我们要充分考虑学生的实际需求和学科特点。通过灵活运用虚拟现实技术和在线文化交流项目，我们能够为学生提供更具体、更实用的跨文化学习体验，帮助他们更好地适应多元文化环境。这种创新教学方法不仅促进了学生对文化的深刻理解，还培养了他们在全球化时代所需的跨文化交际能力。

（三）鼓励合作学习模式，注重过程性评价

1. 设计团队协作游戏

在游戏化教学的框架下，设计涉及团队协作的跨文化游戏是一项具有重要意义的任务。这一设计旨在通过游戏的形式培养学生的团队协作精神，使其能够在合作中解决问题、交流观点，从而促使他们更好地理解和尊重不同文化。

一是，团队协作游戏的设计需要考虑文化的多样性。团队成员可能来自不同的文化背景，具有不同的价值观、沟通风格和工作习惯。游戏应该被设计成一个能够容纳并尊重多元文化的环境，使得学生能够在跨文化的合作中体验文化的丰富性。

二是，游戏的任务和挑战应该要求团队成员共同努力，促使他们通过有效沟通和协作来实现共同目标。这有助于培养学生的团队协作技能，包括领导能力、沟通技巧、问题解决能力等，这些技能在跨文化背景下显得尤为重要。

三是，游戏中的角色扮演和模拟情境可以增强学生对不同文化的理解。通过在游戏中扮演特定文化背景的角色，学生可以更深入地感受和理解该文化的观念、价值观和行为方式。这种亲身体验有助于打破文化隔阂，增进学生对其他文化的尊重和理解。

四是，团队协作游戏的评估应该注重学生在合作中的表现，而非仅仅关注游戏结果。这种评估方式能够更好地反映学生在协作过程中所展现的团队协作技能和文化敏感性。通过及时地反馈，学生可以更好地认识到自己在团队中的作用，为他们未来的跨文化合作打下坚实基础。

2. 引入过程性评价机制

在游戏化教学中，不仅需要关注学生最终的学习成果，更应注重他们在游戏过程中的表现。为此，引入过程性评价机制是至关重要的，这样可以通过观察学生的团队合作、沟通能力以及对跨文化问题的思考，全面了解他们在学习中的成长和进步，为后续教学提供有针对性的反馈。

一是，过程性评价强调的是学生在学习过程中的各个方面表现，而非仅仅关注结果。在团队协作的游戏中，学生的团队合作能力、沟通技巧、领导潜力等都是需要被观察和评价的方面。这有助于教师更全面地了解学生的优势和改进空间，为个性化教学提供有力支持。

二是，过程性评价关注学生对跨文化问题的思考和应对能力。在游戏中，

学生可能会面临各种文化差异引发的问题，如价值观冲突、沟通障碍等。通过观察学生在这些情境下的应对方式，可以评估其跨文化敏感性和解决问题的能力。这种评价有助于培养学生在真实跨文化环境中的应变能力。

　　三是，过程性评价机制需要结合及时反馈。教师可以在游戏进行中提供及时的反馈，帮助学生更好地理解自己的表现，指导他们在学习过程中不断调整和改进。这种实时的反馈有助于激发学生的学习兴趣，同时也为他们建立积极的学习态度提供支持。

　　四是，过程性评价是一个动态的过程，需要不断调整和优化。通过反复地评价和反馈，教师可以逐渐调整游戏的设计，使其更符合学生的实际需求和学习进程。这种循环的过程有助于不断提升游戏化教学的效果，实现更好的教育目标。

第七章

高校英语教学中教师角色与师资队伍建设

第一节　跨文化交际能力培养中教师的角色与素养要求

一、教师在跨文化教学中的引导与辅导

（一）文化引导者的角色

1.多元教材的运用

文化引导者的首要任务是通过广泛采用多元的教材和案例，引导学生深入了解不同文化的方方面面。这包括但不限于文学作品、电影、音乐等，以展示各种文化的独特之处。教师需要精心选择具有代表性的材料，确保学生能够全面了解不同文化的背景、历史、价值观念和社会习惯。这样的引导有助于激发学生对跨文化交际的浓厚兴趣，使其能够以更全面、开放的心态面对多元文化的挑战。

在跨文化交际能力培养中，多元教材的运用是非常关键的一环。通过丰富的文学作品，学生可以深入感受不同文化的情感表达和思维方式；通过精选的电影，学生能够视觉化地体验不同文化的生活场景和社会习俗；通过多元的音乐，学生可以聆听各种文化独有的声音，从而更好地理解文化的根源和内涵。

教师在运用多元教材时需注意材料的代表性和全面性。精心挑选的教材能够使学生在学习的过程中既获得愉悦地体验，又深刻理解不同文化的复杂性。同时，教师还需灵活运用先进的教学技术，如在线资源、虚拟现实等，以提升

学生的学习体验和参与度。

2.激发跨文化兴趣

文化引导者在跨文化交际能力培养中的任务之一是激发学生对跨文化交际的兴趣。这需要教师巧妙运用各种富有趣味性和互动性的教学方法，以使学生更加主动地投入学习，并提高他们对跨文化交际的主动性。在实现这一目标的过程中，教师可以采用多种教学策略。

一是，教师可以引入小组讨论的形式。通过小组讨论，学生有机会在小组内分享彼此对文化的看法、经历和认知，从而增强对跨文化交际的关注。小组讨论能够激发学生的思辨能力，培养他们分析和解决文化差异的能力。

二是，角色扮演也是一个有效地激发兴趣的方法。通过让学生扮演不同文化背景的角色，他们可以更身临其境地体验不同文化中的言谈举止，加深对文化差异的理解。这种亲身经历能够让学生更加深刻地领会跨文化交际的挑战和乐趣。

三是，组织文化活动、座谈会等也是激发学生兴趣的途径。通过参与实际的文化活动，学生可以更加直观地感受到不同文化的独特之处。座谈会则提供了一个互动的平台，学生可以与邀请的跨文化专家或者同学交流，拓宽视野，促使他们更积极地了解和接纳多元文化。

（二）辅导者的角色

1.及时纠正误解

在学生进行跨文化交际实践的过程中，教师需要充当辅导者的角色，担负起及时纠正误解的重要任务。这一职责涉及对学生在文化交往中可能出现的误解进行准确观察和分析。通过深入理解学生的实际情境表现，教师能够为学生提供针对性地指导，确保他们对不同文化的理解在交际中得以准确、有效地表达。

第一，教师需要通过观察学生的言行举止，把握他们在跨文化交际中可能产生的误解。这包括对语言、行为和非语言交际等多个层面的观察，以确保全面理解学生的文化交往过程。通过这一观察，教师能够更好地识别学生在不同文化背景下可能存在的理解偏差和歧义。

第二，教师需要与学生进行及时有效地沟通，促使他们认识到可能存在的误解。通过与学生建立开放、互动的沟通机制，教师能够引导他们自我反思，帮助他们识别并纠正潜在的文化误解。这种沟通应该是双向的，教师应该鼓励

学生提出问题、表达疑虑，以便更好地解决可能的文化交际问题。

第三，教师需要提供具体的行为建议，帮助学生纠正误解并改善跨文化交际的能力。这可能包括对特定文化背景的解读、行为规范的调整等。通过针对性地建议，教师能够更有效地促进学生在实践中的成长，提高他们对不同文化的适应性和理解能力。

2. 提供具体行为建议

在跨文化交际实践中，辅导者的任务之一是为学生提供具体的行为建议，以帮助他们更好地适应和融入多元文化环境。这一方面包括礼仪规范、沟通技巧、社交场合的应对方法等多个方面的建议。通过个别指导和小组交流，教师可以提供个性化的辅导，使学生能够更有效地面对和处理跨文化环境的各种挑战。

一是，对于礼仪规范，辅导者可以向学生传授不同文化中的常见礼仪和行为规范。这可能包括不同国家和地区的问候方式、交往礼节、用餐规矩等。通过详细解释和模拟演练，教师能够帮助学生更好地理解和遵循不同文化环境下的礼仪准则。

二是，关于沟通技巧，辅导者可以就不同文化背景下的有效沟通方式进行指导。这可能包括语言表达、非语言沟通、避免文化敏感话题等方面的建议。通过实际练习和反馈，学生可以逐渐提高他们在跨文化沟通中的准确性和适应性。

三是，对于社交场合的应对方法，辅导者可以向学生介绍不同文化中的社交习惯和应对策略。这可能包括商务社交、正式场合的礼仪、礼物赠送等。通过模拟场景和角色扮演，教师可以帮助学生更好地准备和处理在不同文化社交环境中的情境。

二、发展教师的跨文化素养和专业能力

（一）全球化背景下的文化认知

1. 深刻认知全球文化多样性

积极参与跨文化培训是教师发展全球文化认知的有效途径。跨文化培训的形式多种多样，包括学术交流、国际会议、专业讲座等，这些形式为教师提供了一个深入了解最新跨文化研究动态和理论发展的机会。通过参与这些培训，教师能够与来自不同文化背景的教育者互动，从而拓宽自己的视野，进一步提

高对全球文化多样性的认知水平。

一是，学术交流是跨文化培训的一个重要组成部分。教师可以通过参与国际性的学术会议、研讨会，与国外的同行学者进行深入的交流与合作。这种交流有助于教师了解不同文化下的教育研究方法、理论框架和实践经验，促使其对全球教育领域的发展有更为全面和深入地认识。

二是，国际会议提供了一个汇聚来自世界各地专业人士的平台。通过参与这样的会议，教师能够深入了解全球范围内的教育问题、创新趋势以及跨文化交际的挑战。与来自不同文化背景的与会者互动，使教师能够直观地感受不同文化间的观念碰撞和交流，进一步培养自己的跨文化视野。

三是，专业讲座也是跨文化培训的重要形式之一。邀请国际上的专家学者来校园举办讲座，为教师提供了接触最新教育理论和实践的机会。通过聆听来自不同文化背景的专业人士的经验分享，教师能够汲取宝贵的教育经验，启发他们更好地在跨文化教学中发挥引导者和辅导者的角色。

2. 跨文化培训的参与

积极参与跨文化培训是教师发展全球文化认知的有效途径。这种培训形式多样，其中包括学术交流、国际会议、专业讲座等，这些活动有助于教师了解最新的跨文化研究动态和理论发展。通过与来自不同文化背景的教育者进行积极互动，教师能够拓宽自己的视野，进一步提高对全球文化多样性的认知水平。

一是，学术交流是跨文化培训的重要组成部分。教师通过参与国际性的学术会议、研讨会等活动，与国际上的同行学者进行深入的交流与合作。这种交流有助于教师深入了解不同文化下的教育研究方法、理论框架和实践经验，促使其对全球教育领域的发展有更为全面和深入地认识。

二是，国际会议提供了一个集聚来自世界各地专业人士的平台。通过参与这样的会议，教师能够深入了解全球范围内的教育问题、创新趋势以及跨文化交际的挑战。与来自不同文化背景的与会者互动，使教师能够直观地感受不同文化间的观念碰撞和交流，进一步培养自己的跨文化视野。

三是，专业讲座也是跨文化培训的重要形式之一。邀请国际上的专家学者来校园举办讲座，为教师提供了接触最新教育理论和实践的机会。通过聆听来自不同文化背景的专业人士的经验分享，教师能够汲取宝贵的教育经验，启发他们更好地在跨文化教学中发挥引导者和辅导者的角色。

（二）教学方法和评价标准的提升

1. 改进跨文化交际能力培养方法

积极参与跨文化培训是教师发展全球文化认知的有效途径。这种培训形式多样，其中包括学术交流、国际会议、专业讲座等，这些活动有助于教师了解最新的跨文化研究动态和理论发展。通过与来自不同文化背景的教育者进行积极互动，教师能够拓宽自己的视野，进一步提高对全球文化多样性的认知水平。

第一，学术交流是跨文化培训的重要组成部分。教师通过参与国际性的学术会议、研讨会等活动，与国际上的同行学者进行深入的交流与合作。这种交流有助于教师深入了解不同文化下的教育研究方法、理论框架和实践经验，促使其对全球教育领域的发展有更为全面和深入地认识。

第二，国际会议提供了一个集聚来自世界各地专业人士的平台。通过参与这样的会议，教师能够深入了解全球范围内的教育问题、创新趋势以及跨文化交际的挑战。与来自不同文化背景的与会者互动，使教师能够直观地感受不同文化间的观念碰撞和交流，进一步培养自己的跨文化视野。

第三，专业讲座也是跨文化培训的重要形式之一。邀请国际上的专家学者来校园举办讲座，为教师提供了接触最新教育理论和实践的机会。通过聆听来自不同文化背景的专业人士的经验分享，教师能够汲取宝贵的教育经验，启发他们更好地在跨文化教学中发挥引导者和辅导者的角色。

2. 制定明确的评价标准

教师在跨文化交际能力培养中的另一个关键任务是制定明确的评价标准，以确保学生在这方面的发展能够得到科学而有效地衡量。这一过程需要综合考虑国际标准、相关专业领域的实践经验以及具体教学目标，以确保评价体系具有科学性和可操作性。

首先，制定评价标准需要参考国际标准。教育领域已经形成了一些关于跨文化交际能力评价的国际标准，教师可以结合这些标准，制定适用于自己教学环境和学生群体的评价指标。这有助于确保评价的全球视野，使学生的培养目标更符合国际水平。

其次，借鉴专业领域的实践经验也是评价标准制定的重要依据。各个领域都有其特定的跨文化要求，教师可以参考相关领域的实践经验，将其融入教学评价中。例如，商务领域可能注重学生在国际商务环境中的沟通和谈判能力，

而医学领域可能关注学生在跨文化医患沟通中的表现。

最后，评价标准的制定需要与其他跨文化教育专业人士的交流和合作。通过与国内外的专业人士共同讨论，教师可以更好地理解不同文化背景下的跨文化交际能力培养需求，充实评价标准的内涵。这种协作有助于建立起更为全面和权威的评价体系。

第二节　教师培训与教学团队建设的策略

一、开展跨文化培训工作坊和研讨会

（一）专家讲座

1.国际专家的介绍与邀请

在策划培训工作坊之初，首要任务是确定受邀国际专家。通过详尽的专家介绍，包括其学术背景、研究方向和在跨文化交际领域的经验，为教师们提供了对专家资质的深入了解。

2.讲座内容的设计

精心设计讲座内容，囊括跨文化交际的理论框架、最新研究成果以及实践经验。确保内容涵盖不同文化间的差异、挑战和解决方案，为教师提供深度思考和实践指导。

3.互动环节的设置

在讲座中嵌入互动环节，如提问互动、小组讨论等，以促使教师们深入思考和分享彼此看法。这不仅加强了教师与专家之间的互动，也为后续案例分析和模拟教学奠定了基础。

（二）案例分析

1.案例选择与背景介绍

从真实的跨文化教学案例中选择具有代表性的，并为每个案例提供详细的背景介绍。案例涵盖语言、文化差异、学习风格等多个方面，以确保教师能全

面理解跨文化教学的复杂性。

2. 问题分析与解决方案讨论

引导教师深入分析每个案例中可能涉及的问题，并组织讨论会话，让教师们分享解决方案和应对策略。强调灵活性和实用性，确保教师能够将讨论的理论知识应用到实际教学中。

3. 案例反思与经验分享

每个案例讨论后，鼓励教师们进行反思，并分享类似经验。这种分享机制有助于建立教师间的经验共享文化，形成更紧密的教学团队。

（三）模拟教学

1. 情境设计与准备

设计具有挑战性和代表性的跨文化情境，确保模拟教学场景能够真实还原跨文化教学的各种可能性。为此，需要充分了解不同文化学生的学习特点和需求。

2. 教学实践与观摩

教师在模拟教学中扮演不同文化背景的学生和教师角色，以提高他们在跨文化环境中的应对能力。其他教师则观摩并提供反馈，促使教师们在实践中不断优化教学策略。

3. 经验总结与个性化指导

每位教师在模拟教学后，与专业指导老师进行个性化的指导与总结。这有助于教师更深刻地认识自己在跨文化教学中的优势和不足，从而实现个性化的专业发展。

二、建立教师间的跨学科合作机制

（一）跨学科合作小组

1. 小组成员的多元性

跨学科合作小组的成员来自语言学、文学、社会学等多个学科领域，旨在确保小组内涵盖广泛的专业知识，从而为跨文化教学提供全面而深入的视角。

其一，语言学专家在小组中扮演关键角色，致力于深入探讨语言差异对跨文化教学的影响。这包括对学生语言习得策略的分析和分享，以及对不同文化语境下语言使用的理解。

其二，文学专家聚焦于文学作品如何反映不同文化，通过文学角度提供丰富的跨文化教学资源。这有助于将文学作品融入教学中，让学生通过文学作品更深刻地理解和体验不同文化。

其三，社会学专家在小组中发挥作用，专注于探讨社会文化因素对学习行为和教学环境的影响。通过社会学角度的分析，教师们能更好地理解学生的社会文化背景，从而更有针对性地制定教学策略。

这三个领域的专家在小组中共同努力，为跨文化教学提供了丰富的理论支持和实践经验。这样的多元性不仅能够促使教学团队在跨文化教学中更全面地考虑各个方面的因素，也为学生提供了更为多样和深度的学习体验。这种全方位的专业知识交流和合作模式将有助于拓展跨文化教学的边界，推动教育领域在跨学科合作方面的发展。

2. 讨论议题的明确

小组定期进行讨论，以深入研究跨文化教学的多个方面，确保讨论内容既有深度，又能真实地反映跨学科合作的需求。其中，关于文化差异对教学法的影响成为讨论的重要议题。教师们着重讨论不同文化背景学生在学科学习中可能存在的差异，旨在深刻理解这些差异如何影响学生的学习风格。通过分享实际案例和个人经验，小组成员能够探索并共同寻找相应的教学策略。这样的讨论不仅有助于教师更好地理解学生在跨文化环境中的学习需求，也为制定差异化的教学方法提供了实质性的支持。

另一个重要的讨论议题涉及跨文化交际中的语言挑战。小组成员致力于深入研究学生在语言使用上可能遇到的问题，并共同分享解决方案。这包括学生可能面临的词汇难题、语法差异、语境理解等方面的挑战。通过汇聚语言学专家、文学专家和社会学专家的知识，小组能够更全面地审视这些语言挑战，并提出创新的应对策略。这样的讨论不仅有助于提高教师的教学水平，还能够为学生提供更有针对性的语言支持，促使他们更好地融入跨文化学习环境。

3. 学科知识交流的促进

为促进学科知识的交流与融合，小组定期组织专题研讨会，邀请成员分享各自学科领域的最新研究成果和教学经验。这种举措旨在通过互相学习，更好地理解其他学科的发展动态，实现跨学科合作的深度融合。

在专题研讨上，语言学专家有机会分享关于语言差异、语言学习策略等

方面的前沿研究成果。文学专家则能够介绍文学领域的新理论、新方法，以及文学作品如何更好地融入跨文化教学。社会学专家则可以分享社会文化因素对学习行为和教学环境的最新研究成果。通过这样的分享，小组成员能够深入了解其他学科领域的知识，拓宽自己的学术视野。

除了学科研究成果的分享，教学经验的交流也是研讨会的重要内容。教师们可以分享他们在跨文化教学中的实际操作经验，探讨在具体教学场景中如何更好地应对学科差异和文化多样性。这有助于促成实践智慧的传递，让每位教师都能够从同事的经验中汲取教训，进一步提升自己的教学水平。

（二）共同规划教学资源

1.教学资源整合

小组成员通过共同规划教学资源，致力于将文学、社会学、语言学等领域的知识有机融入跨文化教学，以实现全面的教学丰富性和更好地满足学生多元需求的目标。

在文学资源整合方面，小组汇聚文学专家的力量，整合来自文学领域的精选文本，通过文学作品的深度研究，使学生能够深入了解不同文化的观念和价值观。通过分析文学作品中的文化元素，学生将能够更全面、深刻地理解文学背后所反映的社会文化差异，从而提升对跨文化现象的认知水平。这种整合既为学生提供了更丰富的学科素材，同时也促进了文学与跨文化教学的有机结合。

在社会学资源整合方面，小组引入社会学领域的案例，旨在通过案例研究探讨社会文化对学生行为和互动的深层影响。这种整合不仅可以为学生提供真实世界中跨文化环境中的情景，还能够帮助他们理解社会文化因素如何塑造了不同文化的行为准则和互动方式。通过社会学资源的引入，学生将能够更全面地认识到文化背景对社会交往的影响，从而增强他们的跨文化沟通能力。这种协同工作，既为教学提供了更多元化的内容，也为学生提供了更为全面的学习体验。

这样的教学资源整合工作不仅仅是学科知识的横向融合，更是跨学科之间的纵向贯通，使得学生在跨文化教学中能够接触到更广泛、更深入的知识领域。这种整合不仅能够提升教学的实效性，也有助于培养学生在不同学科之间的综合性思维。

2.学科融合度的提升

共同规划的教学资源是提高学科融合度的有效途径，能够使学生在跨文化环境中更好地理解和应用知识，从而促进学科之间的协同发展，培养更全面的学生。

首先，通过跨学科项目设计，小组能够推动学科之间的深度研究和融合。这样的项目要求学生结合语言学、文学、社会学等多个学科进行综合性研究和呈现。例如，学生可以选择一个特定的跨文化主题，通过语言学分析语言差异，文学分析相关文本，社会学探究社会文化因素。通过此类项目，学生能够在实际问题中深刻理解并运用各学科知识，增强他们的综合素养。

其次，学科综合评估是保证学科融合度提升与学生成绩和综合素养提高相对应的关键环节。制定综合评估标准，可以确保学生在跨学科项目中得到全面地考察。这不仅包括对学科知识的理解和应用，还包括对跨学科合作能力、批判性思维等方面的评估。通过这样的评估机制，学生将得到更全面、深入地发展，并在实践中培养出更强的综合素养。

这种提高学科融合度的方法不仅有助于教学质量的提升，也对学生的全面发展起到积极地推动作用。通过跨学科项目设计和学科综合评估，学生将更好地理解和运用各学科知识，培养跨学科思维和解决问题的能力。

3.实践案例的分享

促使教师分享实践中成功的案例，以展示共同规划的教学资源如何在实际课堂中应用。这种分享有助于激发其他教师的创新灵感，形成更加紧密的教学社群。

（三）定期跨学科培训

1.专业讲座与工作坊

安排跨学科培训，包括专业讲座和工作坊，邀请各领域专家分享最新的研究成果和教学方法。通过这样的培训，教师能够加深对其他学科领域的理解，培养跨学科思维。

（1）语言学领域的专业讲座

探讨语言学最新研究，以及如何将语言学理论运用到跨文化教学中。

（2）社会学工作坊

组织工作坊，让教师亲自体验社会学方法在课堂上的应用，分享经验。

2.深度合作项目

引入深度合作项目，鼓励教师们在实际项目中深化跨学科合作。通过项目的设计和实施，教师们能够更好地理解其他学科的关键概念，推动跨学科合作走向深度。

（1）文学与语言学结合的项目

设计项目，要求学生通过文学作品学习不同语言的表达方式，促使文学和语言学的跨学科合作。

（2）社会学与文学的合作研究

设立项目，要求学生通过社会学和文学的角度分析文本，深入挖掘文本中蕴含的社会文化信息。

3.反馈和评估机制

建立跨学科培训的反馈和评估机制，以确保培训内容贴合教师的实际需求，增强培训效果。这有助于形成良性的培训循环，持续推动教师专业发展。

（1）教师满意度调查

定期进行教师满意度调查，收集培训反馈，了解教师对培训内容、形式和效果的评价，为改进提供参考。

（2）教学实践评估

通过教学实践案例的分享和评估，检视教师们在跨学科合作中的应用情况，鼓励有创新和成效地实践。

三、构建教学团队的合作文化和共识

（一）明确教学目标和理念

1.共同明确跨文化教学目标

在教学团队中，共同明确跨文化教学的目标是构建团队合作和形成统一的指导思想的重要步骤。跨文化教学的目标涉及学生在面对多元文化环境时所需具备的核心能力和知识，这既包括语言技能的培养，也包括对不同文化背景的理解和尊重。教师团队通过充分的讨论和协商，努力达成一致，以确保在整个教学过程中都能够保持一致性，提高教学的质量。

在共同明确跨文化教学目标的过程中，教师们首先需要深入研究教育目标的本质，考虑到不同学科和文化之间的融合点。这涉及对跨文化教学本质的理解，

明确学生在该领域中所需培养的核心素养。例如，除了语言技能的提高，还需要关注学生的跨文化沟通能力、文化敏感性、批判性思维等方面的发展。

通过深入地讨论和研究，教师团队能够共同明确学生在跨文化教学中的目标，形成共识。这一共识既包括对学生知识水平和技能要求的共同认知，也包括对教育理念和教学价值观的一致性认同。例如，团队可能达成共识，认为学生需要具备对不同文化的尊重、理解和包容，同时要能够在多语境中有效沟通。

共同明确的跨文化教学目标不仅有助于提高教学的整体一致性，也为教师提供了指导思想和教学方向。这样的共识是团队合作的基础，使得教师在课程设计、教学实践和学生评价等方面都能够更加协调一致。最终，这将有助于教师团队在跨文化教学中取得更好的教育效果，培养出更具有全球视野和跨文化素养的学生。

2. 理念的共识与传播

教学团队成员在共同制定和传播跨文化教学的理念上扮演着至关重要的角色。这一过程不仅是对团队成员之间共识的建立，也是对整个教学团队的文化和价值观的塑造。共同制定理念并将其传播出去，既有助于建立团队的共同认知，也有助于与外界形成沟通的桥梁，进而为跨文化教学的实践提供坚实的基础。

首先，教学团队需要共同参与讨论并制定跨文化教学的理念。这可能涉及对文化教育、国际化教学等概念的深入思考，以明确教学目标、学生期望以及教学方法。通过共同参与理念制定，团队成员可以在思想上实现一致，为整个教学团队的文化建设奠定基础。

其次，形成共识后，理念的传播显得至关重要。传播理念不仅仅是将制定的文化传达给团队成员，更是一种对外部环境传递价值观的机会。这可以通过内部培训、教学研讨会、学术论坛等途径进行。在这个过程中，团队成员需要能够清晰地表达跨文化教学理念，以确保理解的一致性，并激发其他成员的共鸣。

再次，通过共同制定和传播理念，教学团队能够形成共同的教学价值观，为跨文化教学的实践提供了指导。理念的共识有助于规范教学行为，使团队成员在教学决策上更具一致性。此外，理念的传播也为学生、家长以及其他相关利益相关者提供了对教育团队核心价值观的了解，加强了教学团队的外部形象和声誉。

最后，共同制定和传播跨文化教学理念是一个渐进的过程，需要教学团队

成员在长期实践中的共同努力。这一过程有助于形成团队的教学文化，为教学团队的整体协同发展奠定了基础。

3. 建立长期目标和短期目标

在构建跨文化教学的教学计划时，建立长期目标和短期目标是确保教学团队在教学实践中有明确方向的关键步骤。这个计划不仅包括对整个课程的长期目标进行规划，也考虑了在每个教学周期内设置具体的短期目标。这一策略有助于教学团队在长期和短期的时间跨度内保持一致性，提高教学计划的有效性。

其一，长期目标的制定涉及对整个跨文化教学课程的规划。这可能包括学生在语言能力、文化意识、跨文化沟通等方面的长期发展目标。教师团队需要共同讨论和明确学生在整个课程学习过程中应达到的最终状态，以确保教学的连贯性和一致性。

其二，短期目标的设定在每个教学周期内更具体、更可衡量。这可能包括课程阶段性的学习目标，如每周、每个单元或每个学期的任务。短期目标的具体设定有助于确保教学在短时间内能够达到明确的成果，使整个教学过程更加有序和高效。

建立长期目标和短期目标的教学计划有助于确保团队在教学实践中有清晰的方向。这不仅有助于教师更好地组织课程内容，还能够帮助教学团队更有效地评估学生的学习成果。同时，这也为学生提供了一个清晰的学习路线图，使其能够更好地理解自己的学习目标和未来的发展方向。

（二）定期教研活动

1. 主题明确的教研会议

定期组织主题明确的教研会议是跨文化教学团队提高教学水平和促进经验分享的关键措施。在这个过程中，确保每次会议都有一个明确的主题，且主题围绕跨文化教学展开，不仅有助于深入思考教学问题，也促进了教师们在教育实践中的经验和见解的分享。

第一，主题明确的教研会议有助于聚焦跨文化教学的关键议题。通过选择明确的主题，教学团队能够在每次会议中深入研讨某个特定的教学方面，如语言差异、文化适应等，确保每次讨论都能够有深度和广度。这有助于提高教研会议的效益，使团队成员更专注于特定问题的解决。

第二，明确的主题可以激发教师们的深度思考。每个主题都可能涉及多个

方面的问题，教师们在为会议做准备的过程中会深入研究相关文献、案例，提升对主题的理解。这有助于教师们在会议中提出深入见解，推动讨论的深入，从而促进对跨文化教学的理解和认知。

第三，主题明确的教研会议为教师们提供了一个分享经验和最佳实践的平台。通过在会议上分享各自的教学经验，教师们可以从同事的实践中汲取灵感和启示。这种经验分享有助于形成更全面的教学理念，提高整个教学团队的教学水平。

第四，主题明确的教研会议有助于建立起一个有机的学术氛围。通过对跨文化教学的不同主题进行研究和讨论，教师团队形成了共同的学术兴趣和目标。这有助于团队成员更好地理解和认同团队的教学理念，推动整个团队共同进步。

2. 实践案例分享与反思

实践案例分享与反思是跨文化教学团队提高教学质量和推动创新的重要手段。通过分享实际的跨文化教学案例，教师们不仅能够展示成功的经验，还能够深入反思教学中的亮点和挑战，促使团队成员共同探讨解决方案，进而不断完善教学实践。

首先，实践案例分享为教师提供了一个展示成功经验的平台。通过分享具体案例，教师们可以突显在跨文化教学中取得的成就，展示自身的教学优势。这种经验的分享有助于团队成员互相学习，促使团队内部形成积极的学习氛围。

其次，实践案例分享是对教学亮点和成功经验的深入反思的过程。通过对案例进行反思，教师们能够更好地理解成功的原因，并总结出适用于跨文化教学的有效策略。这有助于提炼出成功经验的本质，为今后的教学实践提供指导。

再次，实践案例分享也关注教学中的挑战和问题。在分享过程中，教师们不仅突出成功的一面，还能够坦诚地分享遇到的困难和问题。这种坦诚的分享有助于整个团队更好地理解教学中的挑战，共同面对问题，并寻找创新的解决方案。

最后，也是最重要的一点，即实践案例的分享激发了团队成员之间的合作和共同探讨。在分享过程中，教师们可以提出问题、寻求建议，引发团队内部的深度交流。这种合作和共同思考的氛围有助于形成团队的集体智慧，推动整个团队在跨文化教学方面的不断创新。

3.学科知识与教学经验的整合

鼓励教师们将各自学科领域的知识与跨文化教学经验相结合是一项关键性的举措，有助于拓宽团队成员的视野，提升整体团队的专业素养。在跨文化教学的背景下，学科知识与教学经验的整合能够为教育团队提供更为全面和丰富的教学资源，促进学科知识与跨文化素养的有机融合。

首先，整合学科知识与跨文化教学经验有助于提升团队成员的专业素养。通过将专业知识与实际教学经验相结合，教师们能够更全面地理解并应对跨文化教学中可能遇到的各种挑战。例如，语言学科的教师可以结合自身专业知识，更好地指导学生在语言交流中应对文化差异，提高语言运用的文化适应能力。

其次，整合学科知识与跨文化教学经验有助于促进教学内容的丰富性。学科知识的整合可以使跨文化教学更加多元化，不仅关注语言技能的培养，还能够涉及文学、社会学、历史等多个领域，使学生在跨文化背景下能够全面理解和应用学科知识。

再次，学科知识与跨文化教学经验的整合有助于形成更为综合和深入的教学理念。教师可以通过将学科知识与跨文化教学实践相结合，形成更为系统和完善的教学理念。这有助于指导团队成员在教学设计、评估和反思中更全面地考虑学科与文化之间的关系，提高整个团队的专业水平。

最后，整合学科知识与跨文化教学经验有助于培养学生更具有全球视野和跨文化素养。通过团队成员的积极实践，学生将更好地理解学科知识在跨文化环境中的应用，培养出更具有跨文化教育意识的综合型人才。

（三）团队建设培训

1.沟通与协作技能培训

通过专业的培训，加强团队成员的沟通和协作技能是推动跨文化教学团队协同合作、提升整体教学效果的重要手段。这样的培训不仅有助于提高沟通效能，还能够促进协作能力的提升，从而建立更为默契的团队关系。

在沟通技能培训方面，团队成员可以接受有关有效团队沟通方式的指导。培训内容可以包括言语沟通、非言语沟通、书面沟通等方面的技能提升。教师们可以学习如何更清晰地表达自己的思想，如何倾听他人的意见，以及如何利用不同沟通渠道传递信息。通过这样的培训，团队成员将更好地理解和应用跨文化背景下的沟通技能，降低因文化差异而导致的沟通误解。

协作技能培训可以重点关注团队成员的协商和合作能力。这包括培养团队成员的协商技巧，解决跨文化教学中可能出现的分歧和冲突。培训还可以涉及如何建立有效的团队合作机制，包括任务分工、协同工作等方面的实际操作。通过这样的培训，团队成员将更加具备在跨文化环境下协同合作的能力，推动整个团队的协同效能。

最后，沟通与协作技能培训可以包含跨文化教学场景中的具体案例分析和角色扮演。通过模拟实际教学场景，团队成员能够更好地理解在不同文化背景下的沟通和协作挑战，并寻找解决方案。这样的实际操作有助于将培训的理论知识转化为实际能力，提高团队成员在跨文化教学中的应变能力。

2. 团队协同合作项目

设计团队协同合作项目是一项旨在促进团队成员协作能力、培养团队意识的重要举措，特别适用于跨文化教学团队。通过共同面对挑战，团队成员能够在协作中更加默契和高效，为跨文化教学提供更有力的支持。

首先，协同合作项目的设计应注重挑战性和实际性。挑战性的项目可以激发团队成员的积极性和创造力，使其在项目中面对现实教学场景中可能出现的复杂问题。这有助于提高成员们的问题解决能力和应变能力，使其更好地适应跨文化教学的复杂性。

其次，协同合作项目的设计可以涵盖多个层面，包括教学设计、学生管理、跨文化沟通等方面。通过项目中的多样性，团队成员能够全面提升各项教学能力。例如，一个涉及多学科合作的项目可以促使团队成员在不同学科领域中协同工作，将各自专业知识融入跨文化教学中，提高整体的教学水平。在项目进行过程中，团队成员需要共同制定项目目标、明确分工，并建立有效的沟通机制。这样的协同合作过程不仅培养了成员们的组织协调能力，还加强了团队的凝聚力和归属感。团队成员在共同努力中逐渐形成默契，建立起团队协同合作的文化。

最后，协同合作项目还可以包含跨文化元素，模拟实际教学中可能遇到的文化差异和交流障碍。通过在项目中体验跨文化情境，团队成员能够更好地理解不同文化间的差异，提高在跨文化教学中的教学适应性和文化敏感性。

3. 团队文化建设

鼓励团队成员共同参与团队文化的建设是构建积极向上的工作氛围、提高团队凝聚力的重要措施。通过共同制定团队规范、座右铭等方式，可以有效地

塑造团队的价值观和行为准则，进而促进成员间更加协同合作，形成团结有力的团队文化。

首先，共同制定团队规范是团队文化建设的基础。这可以通过团队成员的共同参与和共识达成，制定出反映团队核心价值观念的规范和准则。规范的制定应涵盖团队成员在跨文化教学中的期望行为、沟通方式、决策流程等方面，使其更好地适应跨文化工作环境，共同维护团队的整体形象。

其次，共同制定团队座右铭是强化团队文化的有效手段。座右铭通常是简短而有力的宣言，能够传达团队的核心价值和共同目标。通过团队成员的共同参与，选择一句富有激励力和团队凝聚力的座右铭，可以在潜移默化中引导成员们形成共同的工作态度和价值观念，从而建立起积极向上的团队氛围。

最后，在团队文化建设过程中，领导者的积极参与和引导尤为关键。领导者可以起到榜样作用，通过示范和鼓励，引导团队成员积极参与文化建设活动。领导者的关键任务之一是激发成员的团队归属感，使其认同并投入到共同建设的团队文化中，从而增强整个团队的凝聚力。

团队文化建设不仅仅是一次性的活动，更是一个长期的过程。为了保持团队文化的活力，团队成员需要持续参与、不断调整和更新团队规范、座右铭等元素，以适应团队发展和不断变化的工作环境。这种文化建设的动态性有助于团队更好地适应跨文化教学的复杂性和多样性。

第三节　跨学科合作与师资队伍的专业发展

一、跨文化传播视域下英语教师队伍建设的存在的问题

跨文化传播视域下开展英语教学要求教师能够将语言与文化相联系，不仅要构建英语知识体系还应当构建跨文化知识体系，从英语国家的文化背景、社会生活、宗教信仰等方面入手开展教学，使英语教师队伍建设仍面临着队伍跨文化素养和教育理念、队伍结构和数量、师资机制方面的现实问题。

（一）跨文化素养和教育理念问题

1.传统教育理念的困扰

（1）陈旧的教学观念

目前，高校英语教学中一些教师仍然坚持传统的英语教育理念，过于偏重口语、语法和翻译等方面的教学，而忽略了跨文化传播的重要性。这表明教育理念的更新与变革亟待解决。

（2）不愿顺应时代趋势

部分教师对于跨文化传播的时代趋势表现出不愿顺应的态度，抱持对传统教育方法的坚守。这导致他们在教学过程中未能将跨文化意识融入课程设计和教学方法中，从而影响了学生对于跨文化素养的培养。

2.跨文化素养的疏漏与挑战

（1）跨文化素养不足的问题

当前，一些英语教师的跨文化素养有待加强。跨文化素养不仅仅包括对文化差异的认知，还需要具备适应和沟通的能力。而一些教师未能多角度了解不同文化之间的联系和差异，导致在跨文化传播教学中存在一定的疏漏。

（2）教学效果不佳的原因

教师的跨文化素养不足直接影响了跨文化传播教学的效果。学生很难通过课堂学习真正理解和融入不同文化，阻碍了他们的跨文化交际能力的培养。

（二）队伍结构和数量问题

1.高校英语师资队伍的年轻化趋势

（1）面向新毕业生和社会人士的扩招

当前，绝大多数高校采取了面向新毕业生和社会人士的英语教师扩招政策，使得英语师资队伍整体结构呈现出年轻化趋势。这反映出高校对于新鲜血液的需求，但也引发了一系列关于经验不足的问题。

（2）缺乏充分的教学实践

由于部分教师未经过充分的教学实践就步入工作岗位，师资队伍中的年轻成员在实际教学中可能面临诸多挑战，包括教学方法的不成熟、难以应对多样化学生需求等，进而影响到英语教学的质量。

2. 高校英语师资队伍的失衡问题

（1）退休教师增加导致结构失衡

近年来，高校英语教师队伍中退休教师数量持续增加，导致整体队伍的构成比例失衡。这种失衡不仅可能带来教学理念和方法的过时问题，还影响到教育资源的有效利用。

（2）影响英语教学质量

队伍结构的不均衡直接导致英语教学质量的下降。经验丰富的老教师能够在实际教学中更好地应对复杂的情境，而年轻教师则能为学生带来新鲜的教学理念。然而，过度的结构失衡使得这两方面的优势无法充分发挥。

3. 高校英语教师的国际化水平问题

（1）缺乏出国研修的教师比例较低

当前，高校英语教师队伍中缺乏出国研修经历的比例相对较低。这导致了一些教师对于英语国家文化与使用英语的差异性了解不够，影响了其在跨文化传播视域下进行英语教学的能力。

（2）出国研修对跨文化传播视域的重要性

出国研修过的教师相对更具有跨文化意识，能够更好地在教学中引导学生了解中国与英语国家文化之间的差异，培养学生的跨文化交际能力。这进一步凸显了提高师资队伍国际化水平的紧迫性。

（三）教育科研问题

1. 英语教师队伍的学术水平不足

（1）科研能力与学术水平待提高

当前，一些英语教师在科研领域的表现相对不足。高校英语教师需要逐渐转变为具有学者型特质的教师，而不仅仅是传统的"教书匠"。这需要教师在科研方面取得更多的成果，提升学术水平，以更好地支撑他们的教学实践。

（2）国际视野的不足

在跨文化传播视域下，英语教师需要拥有更广阔的国际视野。然而，一些教师的国际视野相对薄弱，难以站在国际角度看待问题。这影响了他们在教学中更好地引导学生理解不同文化之间的交流和理解。

2. 跨文化传播意识的不足

（1）缺乏深刻的跨文化传播认知

一些英语教师对于跨文化传播的认知不够深刻，缺乏对不同文化间差异的全面理解。这使得他们在教学中难以创造出真正贴合学生需求和实际情况的跨文化传播教学场景。

（2）无法从宏观角度看待跨文化传播

在跨文化传播视域下，英语教师需要能够从英语学科的宏观角度看待跨文化传播。然而，部分教师缺乏对英语学科的深入认识，未能理解学科发展趋势与实践需求，影响了他们在教学中的有效实践。

3. 缺乏正确的跨文化传播教学理论

（1）缺乏基于跨文化传播视角的教学理论

现有一些院校的英语教师缺乏基于跨文化传播视角的教学理论研究。他们可能更倾向于照搬国外或现成的教学理论，未能充分考虑到所在院校的学生实际情况，导致教学实效性较差。

（2）学术研究建树不足

英语教师队伍中一些成员的学术研究建树相对不足。缺乏对于本专业领域的深入研究，使得他们在开展教学理论研究和科研实践时缺乏足够的理论支持。

二、跨文化传播视域下英语教师队伍建设策略

（一）更新教育观念，提高跨文化素养

跨文化教育理念强调在教学过程中关注学生在不同文化背景下的差异性，并倡导尊重多元文化，致力于培养学生的跨文化能力。在英语教师队伍建设中，以跨文化传播为视角，迫切需要引导教师更新其教育观念，确立跨文化教育理念，以确保英语教育在实践中注重培养学生的跨文化交际能力和文化意识，从而取得卓越的跨文化教学效果。

具体而言，英语教师应融入不同国家和地区的文化元素于教学内容中，以拓宽学生的视野，促使他们深入了解不同文化之间的共通性和差异性，培养跨文化理解能力。在教学实践中，英语教师需注重培养学生的跨文化交际技能，包括但不限于尊重不同文化的礼仪和传统、有效与跨文化交流对象进行沟通、解决由文化差异引发的冲突等方面。这一目标可通过多种教学方法实现，例如

教学实践、角色扮演以及开展讨论等。

同时，教师还应主动传递跨文化理念，通过英语教学活动将这种理念潜移默化地传递给学生，使他们自觉认识到跨文化交际的必要性和重要性。只有通过学生自身对跨文化交际的意识和需求的驱动，结合教师的跨文化交际教育，才能有效提高课堂教学的效益。

（二）优化教师结构，加强人才引进

当前，在跨文化传播的英语教学背景下，教师队伍存在结构和规模上的问题，为解决这一难题，高校需进一步完善师资结构，加强引进人才。一方面，在招聘过程中，可以优先考虑具有海外留学经历的教师，这类人才以其双重文化背景优势为特点。相对于外籍教师或没有留学经历的同行，他们更深刻理解国内外文化，具备较强跨文化意识，能够灵活应对跨文化传播的教学需求，更好地发挥自身优势，帮助学生理解不同国家文化差异，同时传播中国文化，培养学生的英语跨文化交际能力，推动英语教学不断深入。

另一方面，高校对新聘年轻教师应加强培训，采取"学徒制"模式，实现老师傅带新手，确保新教师在积累足够经验后再投身英语教学实践。为提高教学质量，高校还可定期派遣部分优秀青年教师，并鼓励现有英语教师参与国际进修，深入了解不同文化背景和差异，提升跨文化交际能力。通过强化人才引进、培训、鼓励进修等措施，高校能够进一步优化英语师资队伍结构，促进英语教育队伍的全面建设。

（三）强化科研激励与保障机制

当前，英语教师队伍在跨文化传播理论研究方面存在不足，学术水平有待提高的问题。为解决这一挑战，高校应加强科研激励与保障机制，确保英语教育领域的学术深度和广度。

首先，需创设良好的科研条件。通过增加资金投入，充实图书馆的相关书籍资源，提供关于不同国家文化背景、跨文化交际等方面的学术著作，以满足教师和学生的需求。组织跨文化传播英语教学的学术交流座谈会和研讨会，邀请知名专家或在该领域有突出研究成果的本校教师分享并交流科研经验，促进学术共鸣。

其次，鼓励英语教师积极进行科研活动。通过将英语教学科研成果与绩效

考核相结合，设立专项科研资金，为取得优异科研成果的教师提供奖金奖励。有效的激励机制将促使英语教师队伍积极从事跨文化传播视角下的教学理论研究和科研实践，为实际教学提供坚实的理论支持，助力建设更专业的英语教师队伍。

最后，构建科研团队。在高校中，应建立相关的科研团队，由具有一定科研能力的资深教师和杰出的青年教师组成。通过挑选并培养这些教师，建立科研团队，以激发整个英语教师队伍的科研热情，促进学科的深度发展。

通过强化科研激励与保障机制，高校能够推动英语教育领域的科研水平提升，促进教师队伍的全面发展。

第八章

高校英语教学中跨文化交际教学评价与反思

第一节 跨文化交际能力的评价指标体系

一、制定跨文化交际评价的标准和指标

在评价学生跨文化交际能力时，需要明确评价标准和指标，以确保评估的客观性和准确性。这包括考虑学生在语言运用、文化意识、跨文化沟通技能等方面的表现。制定跨文化交际评价的标准和指标架构图架构图如图 8-1 所示。

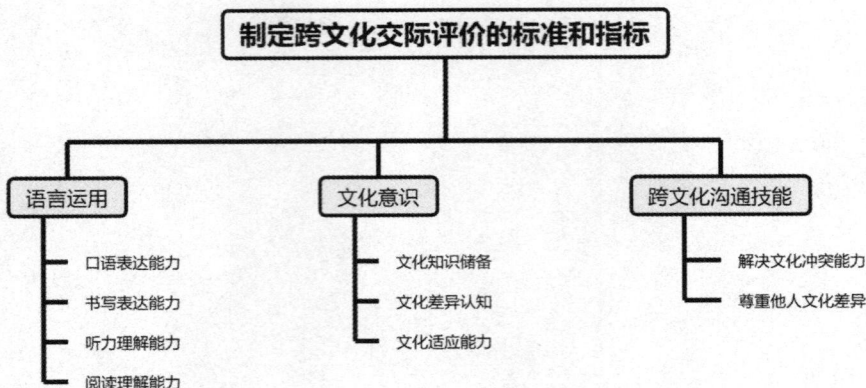

图 8-1 制定跨文化交际评价的标准和指标架构图

（一）语言运用

1.口语表达能力

考查学生在实际交际中的口语表达能力，包括流利程度、语音语调，以及

对实际语境的灵活运用。评价口语表达时，应注重学生是否能够准确、清晰地传达信息。

2. 书写表达能力

评估学生书写表达的准确性和丰富性，包括语法结构的正确使用、词汇的恰当运用以及篇章结构的合理性。此外，还要关注学生是否能在书写中体现出一定的跨文化意识。

3. 听力理解能力

考查学生在跨文化交际环境中对他人语言的听力理解能力。评估因素包括对口音的适应性、听懂不同文化语境下的表达方式等。

4. 阅读理解能力

评价学生在跨文化材料中的阅读理解水平，包括对不同文化因素的理解、对文化特色表达的辨识，以及对文化差异的敏感性。

（二）文化意识

1. 文化知识储备

考查学生对多个文化背景的基本了解，包括但不限于历史、宗教、习俗等方面的知识。评估学生是否有足够的文化底蕴，能够在跨文化交际中运用。

2. 文化差异认知

评估学生对文化差异的认知水平，包括对不同文化之间的共性和差异的敏感性。考查学生是否能够理解并尊重他人的文化背景。

3. 文化适应能力

考查学生在跨文化环境中的适应能力，包括对不同文化场景的灵活应对、避免文化冲突的能力等。

（三）跨文化沟通技能

1. 解决文化冲突能力

评估学生在跨文化交际中解决文化冲突的能力，包括调解、妥协，以及化解因文化差异而产生的问题的能力。

2. 尊重他人文化差异

考查学生是否具备尊重和理解他人文化差异的态度，包括对异己文化的开放心态、不带有刻板印象地看待他人等。

二、学生自我评价与教师评估的结合运用

学生自我评价和教师评估相结合是一个有效的评价方式。通过学生自我评价，能够了解学生对自己跨文化交际能力的认知和感受，而教师评估则可以提供专业的、客观地观察和分析。学生自我评价与教师评估的结合运用架构图如图 8-2 所示，具体操作包括以下三个方面。

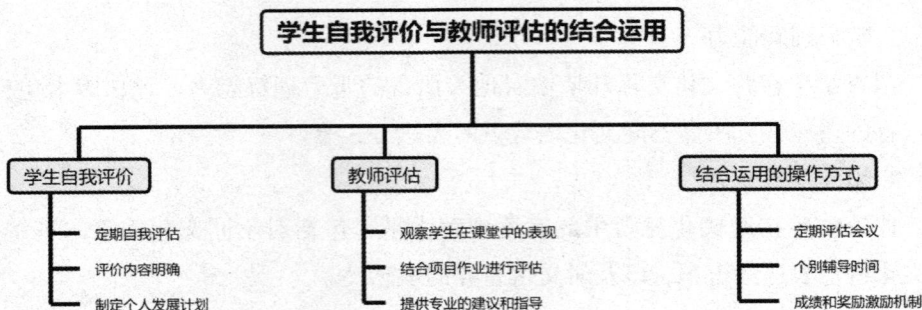

图 8-2　学生自我评价与教师评估的结合运用架构图

（一）学生自我评价

1. 定期自我评估

学生应定期对自己的跨文化交际能力进行自我评价。这可以通过设置反思时间，要求学生在学期初、中、末等节点进行自我评价，以全面了解其在不同阶段的发展情况。

2. 评价内容明确

学生自我评价的内容应明确，包括但不限于语言运用、文化意识、跨文化沟通技能等方面。学生需要针对具体指标，如口语表达、文化差异认知等，进行自我分析，体现对自身成长的认知。

3. 制订个人发展计划

学生在自我评价的同时，应提出个人发展计划，明确未来的学习目标和改进方向。这有助于激发学生的学习动力，使其更有针对性地努力提升跨文化交际能力。

（二）教师评估

1. 观察学生在课堂中的表现

教师通过观察学生在课堂上的言行举止，包括课堂互动、小组合作等方面，

评估学生的语言运用和跨文化沟通技能。

2. 结合项目作业进行评估

教师可以结合项目作业，对学生的文化意识和跨文化沟通能力进行评估。通过学生的书面作业、团队合作项目等，了解学生在实际任务中的表现。

3. 提供专业的建议和指导

教师评估应以专业眼光为基础，为学生提供有针对性地建议和指导。这包括在评估报告中详细指出学生的优势和不足，并提供改进策略。

（三）结合运用的操作方式

1. 定期评估会议

定期组织学生自我评价与教师评估的会议，让学生与教师共同对学习过程进行深入探讨。这有助于促进双方的理解和合作。

2. 个别辅导时间

在辅导时间内，教师可以与学生一对一进行深入交流，详细了解学生的自我评价，同时对学生提出的问题进行解答，并给予专业的建议。

3. 成绩和奖励激励机制

将学生自我评价与教师评估的结果纳入综合评价，制定成绩和奖励激励机制。这有助于激发学生对自我提升的积极性。

第二节 教学实践的效果评估与分析

一、利用学科测试和项目评估学生跨文化交际水平

为了全面评估学生的跨文化交际水平，可以结合学科测试和项目评估。利用学科测试和项目评估学生跨文化交际水平架构图如图 8-3 所示，具体操作包括以下三个方面。

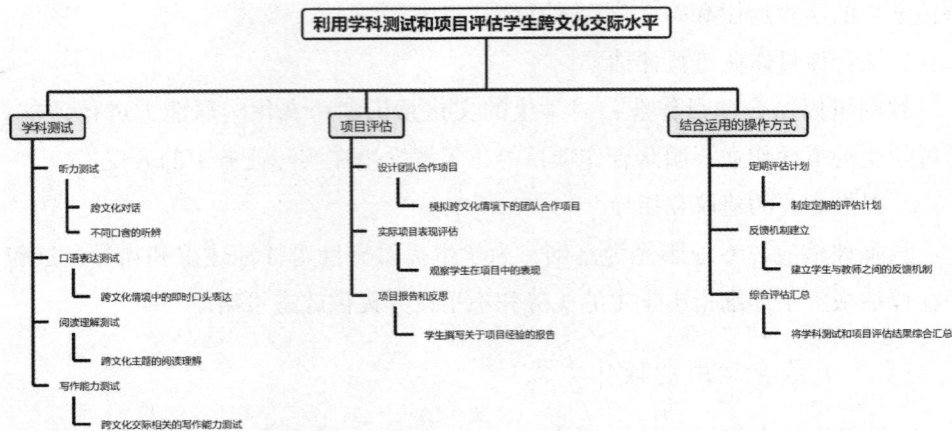

图 8-3　利用学科测试和项目评估学生跨文化交际水平架构图

（一）学科测试

1.设计听力测试

为了全面评估学生在真实跨文化交际环境中的语音理解和应对能力，设计跨文化交际听力测试至关重要。这一听力测试应涵盖多方面的内容，旨在模拟学生在跨文化交际中所面临的各种语音挑战。以下是五项设计原则和内容建议。

（1）多元口音的听辨

测试中可以包含来自不同地区、国家的说话者所展现的多元口音。这有助于学生适应并区分不同口音，提高他们在真实交际中的听辨能力。口音的差异可能涉及发音、语调、重音等方面，因此，测试题目要涵盖这些语音特征。

（2）跨文化对话

设计真实的跨文化对话，让学生在听力测试中直接接触来自不同文化背景的交流场景。对话可以涵盖日常生活、工作、学术研讨等不同场景，以确保学生在各种情境下都能够有效地理解对话内容。此外，对话中可以引入文化特有的语言现象，如俚语、习惯用语等，以考查学生对文化语境的适应能力。

（3）跨文化语境的听力材料

测试材料要涵盖不同文化语境的录音，例如来自各种文化场景的广播、讲座、访谈等。这样的设计可以确保学生具备在多种情境下应对不同语音和语境的能力。测试题目可以涉及对文化背景、社会礼仪、文化差异的理解，以考查学生对文化多样性的敏感性。

（4）实际场景的模拟

除了对话和语境材料外，听力测试还可以模拟真实场景，如商务谈判、旅行导航、服务场所交流等。这样的设计使学生能够在听力测试中面对更贴近实际生活的语音情境，培养他们在实际跨文化交际中的应对能力。

（5）反馈机制

设计听力测试时，要考虑设置及时的反馈机制，帮助学生了解自己的听力水平和改进空间。反馈可以包括对答案的解释、针对性的建议以及针对口音和语速的练习建议。

2.口语表达测试

口语表达在跨文化交际中扮演着关键角色，为全面评估学生的语言能力，特别是其在模拟的跨文化情境中的表达能力，设计口语表达测试是至关重要的。该测试旨在评估学生的语言流利度、词汇运用和语音语调等方面的能力，以确保他们在真实跨文化交际中能够自如地表达自己。

（1）模拟跨文化情境

口语测试应当设置多个模拟的跨文化情境，包括商务会议、社交场合、学术讨论等。每个情境都应涉及不同文化元素，以确保学生在测试中能够适应多元文化的语境。这有助于评估他们在各种实际情境下的口语表达能力。

（2）即时主题表达

测试时，学生应当面对即时提出的主题进行口头表达。这样的设计有助于评估学生在有限时间内的即兴表达能力。主题可以涉及文化差异、社会热点、个人经历等，以确保测试的全面性。

（3）语音语调评估

除了内容表达，测试中应特别关注学生的语音语调。通过评估学生的发音准确性、语调自然度，可以了解他们在跨文化情境中是否能够有效沟通。这可以通过录音分析或口头反馈来完成。

（4）多元词汇运用

测试题目要求学生在表达中使用多元的词汇，包括文化特有的词汇、行业术语等。这有助于评估学生的词汇广度和灵活运用的能力，确保他们在跨文化交际中能够准确表达自己的思想和意见。

（5）文化敏感性评估

在测试中可以加入一些涉及文化敏感性的题目，考查学生对不同文化差异的认知和理解。这有助于评估学生在跨文化情境中是否能够以开放、包容的态度进行交流。

（6）实时反馈

测试结束后，及时给予学生反馈，包括对表达内容的评价、语音语调的建议以及词汇使用的指导。这种反馈可以帮助学生认识到自身的优势和改进的空间，促使其更好地发展跨文化口语表达能力。

3. 阅读理解测试

为测试学生对跨文化主题的理解和文化差异的敏感性，设计一份涉及不同文化因素的阅读理解测试是非常重要的。该测试应当覆盖多个方面，包括但不限于不同文化的传统、价值观念等知识。

其一，测试可以包含关于不同文化传统的文章，要求学生通过阅读理解文本内容，回答有关文化传统的问题。这有助于检验学生对于其他文化习俗、庆典、仪式等方面的理解程度，以及他们是否能够从文本中获取相关信息。

其二，可以设计关于文化价值观念的题目，测试学生对于不同文化价值观的辨识和理解能力。通过阅读相关文章，学生可以被要求分析文中所涉及文化的核心价值观，或是对比不同文化之间的价值取向。这有助于评估学生是否能够敏感地洞察文化差异对于个体和社会的影响。

其三，测试中还可以加入一些情境题目，模拟跨文化交流的场景，要求学生根据给定的情境理解文化差异，并给出合适的应对策略。这样的设计可以更加直接地考查学生实际应用跨文化知识的能力，以及他们在真实情境中处理文化差异的技能。

4. 写作能力测试

为了评估学生在跨文化交际领域的写作能力，可以设计一份专注于文化差异和跨文化交际经验的写作能力测试。这样的测试将帮助了解学生在书面表达中对于跨文化交际的深度理解和实际应用。

第一，测试可以要求学生撰写一篇关于特定文化差异的文章。这可能包括文化的社交礼仪、沟通风格、价值观等方面的差异。学生可以选择一个特定的文化背景，深入探讨其中的文化特征，并比较其与其他文化的异同。这有助于

评估学生对于文化差异的分析和理解能力。

第二，测试可以包括一部分关于个人的跨文化交际经验的写作。学生可以分享自己在真实生活中与其他文化相遇和交流的经历，描述面临的挑战、感受到的文化冲突以及从中学到的教训。通过这样的写作，评估者可以了解学生在实际跨文化情境中的适应能力和反思水平。

第三，可以设计一些具体情境的写作任务，要求学生根据给定的情境，表达他们在该情境下的跨文化交际策略和应对方法。这有助于测试学生在特定情境中运用跨文化知识的实际能力。

（二）项目评估

1. 设计团队合作项目

创建模拟跨文化情境下的团队合作项目，要求学生在小组中共同完成任务。项目内容可以涉及解决文化差异引起的问题、制定跨文化沟通策略等。

2. 实际项目表现评估

通过观察学生在项目中的表现，评估其团队协作和跨文化交际技能。注意观察学生在团队合作中是否能够尊重他人文化差异、有效沟通等方面的表现。

3. 项目报告和反思

要求学生撰写关于项目经验的报告，包括他们在跨文化交际中遇到的挑战、解决问题的策略以及个人成长体会。这有助于评估学生的反思能力和对跨文化经验的理解。

（三）结合运用的操作方式

1. 定期评估计划

制定定期的评估计划，确保学科测试和项目评估能够覆盖整个学期。这有助于跟踪学生在不同阶段的发展。

2. 反馈机制建立

建立学生与教师之间的反馈机制，使学生能够及时了解自己的评估结果。教师可以通过个别反馈、评估报告等形式向学生提供详细的意见和建议。

3. 综合评估汇总

将学科测试和项目评估的结果综合汇总，形成学生的跨文化交际水平的整体评估。这有助于全面了解学生在语言运用、文化意识和跨文化沟通技能等方

面的表现。

二、分析教学过程中的成果和挑战

通过对教学过程的评估，可以总结成功经验并解决挑战，以不断提升跨文化交际教学效果。具体操作包括以下两个方面。

（一）成功因素分析

1. 灵活的教学方法

在成功的教学过程中，采用了灵活多样的教学方法，以激发学生的学习兴趣并提高他们的参与度。其中，小组讨论是一种被广泛采纳的教学策略，通过组织学生小组，让他们共同探讨和解决问题，促进了彼此之间的合作与交流。这种方法不仅有助于学生深入理解课程内容，还培养了他们的团队合作和批判性思维能力。

另一种重要的教学方法是角色扮演，通过在模拟情境中扮演不同的角色，学生能够身临其境地体验和应对真实生活中的跨文化交际挑战。这种亲身参与的方式不仅提高了学生的实践能力，还增强了他们的自信心和沟通技巧。通过角色扮演，学生更容易将理论知识与实际应用相结合，形成更为深刻地理解。

跨文化案例分析是另一项有效的教学方法，通过分析真实或虚构的跨文化案例，学生可以深入了解文化差异对各种情境的影响。这种方法帮助学生培养了问题解决的能力，使他们能够在复杂的跨文化环境中做出明智的决策。此外，案例分析还促使学生思考多元文化背景下的解决方案，提高了他们的文化敏感性和全球视野。

这些灵活多样的教学方法共同构成了一个富有活力和互动性的教学环境。通过激发学生的学习兴趣，提高他们的参与度，这些方法为跨文化交际课程的成功实施提供了坚实的基础。不仅使学生在知识上受益，更培养了他们在跨文化交往中所需的实际能力。

2. 选用富有跨文化元素的教材

在教学过程中，我们精心选择了富有跨文化元素的教材，以确保学生在语言学习的同时更全面地理解和尊重不同国家和地区的文化。这一教学策略旨在培养学生的跨文化敏感性，使其具备在多元文化环境中进行有效沟通的能力。

所选教材覆盖了各种文化背景，包括但不限于亚洲、欧洲、非洲和美洲的

国家和地区。通过引入这些多样性的文化元素，我们能够帮助学生更深入地了解世界各地的不同生活方式、价值观和社会规范。这样的教材选择有助于打破文化局限，拓宽学生的视野，培养他们在全球化时代背景下的国际交往能力。

在教学材料中，我们注重反映真实的语言使用情境，让学生在实际语境中学习语言和文化。通过涉及日常生活、商务交往、社交场合等方面的教学内容，学生能够更好地理解语言与文化的交融，提高他们的语言应用能力。这种教材设计有助于培养学生更为流利、自信地运用语言进行跨文化交际。

此外，教学材料中还融入了与学生实际生活经验相关的文化元素，使学习过程更具针对性和吸引力。通过让学生与教材中的情境互动，他们能够更好地将所学语言和文化知识应用于实际生活中，提高语言学习的实用性。

3. 积极互动氛围

通过积极鼓励学生参与，我们成功地营造了一种充满活力和互动的学习氛围。在课堂上，我们倡导开放地讨论和分享，鼓励学生积极参与跨文化交际的学习过程。这一积极互动的教学氛围旨在激发学生的学习热情，促使他们更主动地投入到课堂活动中。

为了培养学生的参与意识，我们采用了多种互动方式，如小组讨论、角色扮演、案例分析等。这些方法有助于学生更深入地理解和应用所学的跨文化交际理论，使他们能够将理论知识转化为实际应用能力。在小组讨论中，学生可以分享彼此的看法和经验，从而拓展对跨文化交际的理解。而通过角色扮演，学生能够在模拟情境中实际应用所学的知识，提高他们在真实场景中的应变能力。

此外，我们还鼓励学生分享个人的跨文化交际体验，促使他们在学习中更贴近实际生活。通过学生间的互相启发，他们能够从彼此的经验中汲取营养，更好地理解不同文化间的交际差异。

为了确保课堂互动的高效性，我们注重及时给予学生反馈，鼓励他们在错误中学习，在成功中获得更多信心。通过及时纠正和肯定，我们希望激发学生自我学习的动力，培养他们的批判性思维和解决问题的能力。

（二）挑战解决方案

1. 学生跨文化意识薄弱

解决方案：引入更多实际案例和生活体验，通过互动式教学手段，激发学

生对不同文化的兴趣，帮助他们更深入地理解文化背景。

2.语言水平差异大

解决方案：设计分层次的教学活动，满足不同水平学生的需求。引入语言辅助工具，如多媒体资源，帮助学生在语言能力上取得更好的平衡。

3.挑战：学生对跨文化交际的实际应用认知不足

解决方案：引入实际项目和实践活动，让学生在真实的跨文化情境中应用所学知识。例如，组织文化交流活动、参与社区服务等，促使学生将理论知识转化为实际能力。

4.挑战：教师队伍需要更强的跨文化教育能力

解决方案：加强教师培训，提供跨文化教育相关的专业知识和实践经验。通过教师团队共同学习、分享经验，形成更为专业化的跨文化教育师资队伍。

第三节　反思与改进提升跨文化交际能力培养的路径与策略

在高校英语教育中，提升学生跨文化交际能力的过程需要不断进行反思与改进。以下是一些路径与策略，以加强这一培养目标。

一、课程设计的全面考虑

（一）融入跨文化元素

1.文化背景的深入融入

在课程设计中，首要任务是深度融入不同文化的元素。通过引入丰富的文化背景，学生能够在学习语言的同时，了解和体验目标文化的独特之处。这可以通过选取与不同国家相关的文学作品、历史材料等来实现。教师可以设计相关任务，引导学生探索文化之间的联系与差异。

2.社会礼仪的教学策略

社会礼仪在跨文化交际中具有重要作用，因此，课程设计需要精心考虑如何引入和教授不同文化中的社交礼仪。以下是一些教学策略，旨在帮助学生更好地适应多元社会环境，并增强其跨文化交际能力。

一是，课程设计应包含全面的社交礼仪介绍。通过讲授不同文化的社交礼仪，学生可以了解各国在交往中的独特规范和期望。这包括但不限于言语礼仪、用餐礼仪、礼品交换等方面。教师可以运用多样化的教材，如文学作品、影视片段、真实案例等，使学生对各种社交礼仪有更深入地了解。

二是，采用模拟场景和角色扮演的教学方法。通过模拟不同社交场景，让学生在课堂上亲身体验并实践各类社交礼仪。这种实际操作能够帮助学生更深入理解社交礼仪的具体应用，并培养他们在实际情境中的应对能力。教师可以设计具体情境，如商务会谈、家庭聚会等，引导学生进行角色扮演，使其在模拟中获得实际的经验。

三是，结合案例分析进行教学。通过分析真实社交场合中的案例，学生能够深入了解文化背景对社交礼仪的影响。教师可以选择一些成功或失败的社交互动案例，引导学生分析其中的文化差异，思考如何更好地应对类似情境。这种案例教学可以激发学生的思考，提高他们对跨文化社交的敏感性。

四是，开展小组讨论和反思。在学生进行模拟活动和案例分析后，通过小组讨论和反思，帮助他们总结经验，发现问题，思考改进方案。这种互动式的学习过程有助于加深学生对社交礼仪的理解，培养团队协作和批判性思维能力。

3. 多元价值观的引导

多元文化背景下存在着各种不同的价值观念，因此，课程设计应当致力于引导学生理解和尊重这些不同的文化价值。以下是一些教学策略，旨在通过讨论和分析激发学生对多元文化的理解和包容心态。

第一，采用小组讨论的形式。通过组织小组讨论，教师可以设定一系列涉及家庭、教育、职业等方面的话题，让学生在小组中分享并比较不同文化对这些话题的看法。这样的互动能够促使学生思考多元文化中的差异，激发他们对不同价值观的兴趣。

第二，设计写作任务，让学生深入思考和表达。通过要求学生撰写关于某一文化价值观的短文或论文，鼓励他们深入挖掘该文化的历史、传统以及价值观的演变。这样的写作任务可以培养学生的批判性思维，促使他们更深层次地理解和思考文化多样性。

第三，引入真实案例和文学作品。通过讲解真实的生活案例或选用文学作品，教师可以向学生展示不同文化中的价值观念。学生通过阅读、分析和讨论，

能够更直观地感受到文化对于个体和社会观念的深刻影响。这种情境化的学习方式有助于学生更全面地理解多元文化的价值观。

第四，进行跨文化体验和互动。组织学生参与文化交流活动、社区服务等实践性项目，使他们能够亲身体验到不同文化中的多元价值观。这样的实践性体验有助于培养学生的文化敏感性和包容性，使他们能够更好地适应多元文化环境。

（二）跨学科整合

1. 文学与语言学的交叉

将文学和语言学融入英语教学中，是一种能够丰富学生文化体验的创新方法。通过选择文学作品，学生不仅能够提高语言表达能力，还能深入了解文学作品所承载的文化内涵。这种整合旨在促使学生更全面地理解语言和文化之间的紧密关系。

首先，通过文学作品的选取，学生能够在语言学的基础上更深入地理解文化。文学作品是一种丰富多彩的语言表达形式，它们反映了不同文化的历史、价值观、社会结构等方面。通过学习文学作品，学生有机会感知和理解语言与文化之间的紧密联系，为他们构建更为综合的语言认知打下基础。

其次，文学作品提供了一个深入了解文化内涵的平台。通过对小说、诗歌、戏剧等文学形式的研究，学生可以深入挖掘其中蕴含的文化元素。这不仅有助于他们理解语言在不同文化环境中的运用方式，还培养了对文学作品深层次理解的能力。在教学中，可以选择具有代表性的文学作品，涵盖不同国家和文化的经典之作。通过对这些作品进行深入的语言学分析和文化解读，帮助学生拓展对语言和文化的认知。例如，可以选择英语国家的经典小说、诗歌，同时也可以引入来自其他语言和文化的翻译作品，以促使学生跨足不同文化领域。

最后，这样的交叉教学设计不仅提高了学生的语言技能，还加深了他们对文化多样性的理解。学生在文学作品中感知到语言的美感和力量的同时，也更全面地了解到语言是文化传承的媒介。这种综合性的学习经验为培养具有跨文化意识的语言学习者打下了坚实基础。

2. 社会学与实际情境的结合

将社会学知识与实际情境结合，为学生提供更深层次的英语学习体验，使他们在语言学习的同时更好地理解和尊重不同文化。通过采用调查研究或项目

实践等社会学方法，学生得以运用英语解决实际问题，深入了解不同文化对这些问题的看法，从而在更广泛的社会背景中培养跨文化意识。

首先，社会学的调查研究可以成为学生实际运用英语的契机。通过设计社会问题调查问卷或参与社会观察项目，学生需要运用英语进行访谈、整理数据、分析结果等一系列活动。这样的实践既提高了他们的语言运用能力，又使他们深入了解社会问题，尤其是不同文化对这些问题的态度和解决方案。

其次，项目实践可以帮助学生将社会学知识应用到实际情境中。例如，设计一个关于文化差异对个体社会适应的项目，学生需要运用社会学理论，同时用英语进行团队合作、成果汇报等多个环节。这样的实际情境既使学生更深入地理解社会学概念，也促使他们在实践中运用英语来解决复杂的跨文化问题。在教学中，可以通过引导学生选择感兴趣的社会问题，设计相关项目，运用英语进行调研和实践，达到社会学与英语的结合。这样的设计既增强了学生对社会问题的敏感性，也培养了他们在实际情境中运用英语解决问题的能力。

最后，这样的结合设计不仅提高了学生的英语水平，还培养了他们的跨文化沟通能力。在社会学的引导下，学生能够更深刻地认识到文化在社会问题中的影响，从而更加理解和尊重不同文化的观点，为跨文化交际打下坚实基础。

3. 跨学科课程的设计

跨学科课程设计是一项重要的任务，旨在将英语与其他学科有机地结合起来，通过与其他学科教师的协作，实现知识的交叉传递，为学生提供更全面、深入的文化认知体验。

首先，跨学科课程设计的核心在于整合不同学科的知识。通过与文学、社会学、艺术等学科的教师密切合作，可以将这些学科领域的精华融入英语课程中。例如，可以通过文学作品的选读，结合社会学理论的解析，让学生在学习英语的同时深入思考文学作品所反映的社会文化现象。这样的设计不仅拓宽了学生的学科视野，也提高了他们对文化的深度理解。

其次，跨学科设计应当注重课程内容的互补性。在课程设计中，需要精心选择与英语相关的其他学科领域，使其在知识结构上相互补充，形成有机的整体。例如，通过引入与历史、地理相关的话题，帮助学生更好地理解语言背后的文化脉络。这种内容的互补性不仅能够提高学生对文化的全面认知，也促进了他们对不同学科之间关联性的理解。在实际教学中，可以通过跨学科的教学团队，由各学科专家组成，共同制订教学计划、设计教材、开展授课。这样的团队协

作模式有助于将不同学科的专业知识融入英语课程中，提高课程的整体质量。

最后，跨学科设计的目标之一是培养学生的综合能力。通过将英语与其他学科有机结合，学生既能够提高语言表达能力，又能够在多学科的学习中培养批判性思维、问题解决能力等综合素养。这样的设计有助于学生更全面、更深入地理解和应用所学知识。

二、教学方法的创新

（一）互动式教学

1. 小组讨论的深化

在互动式教学方法中，小组讨论被认为是一种高效而富有成效的途径。通过深化小组讨论，学生能够在集体思考和交流中更全面地理解文化，并形成新的认知。在跨文化教学的课程设计中，有针对性地引导学生选择具体的跨文化主题，如礼仪差异、文化传统等，以促使他们在小组内展开深入讨论。

第一，小组讨论的主题选择应当具有一定的深度和广度。通过设计能够引发学生兴趣和思考的跨文化主题，可以激发他们更深层次的文化认知。例如，可以让学生讨论在全球化背景下，文化传统是如何面临变革和保护的问题，从而引发对不同文化之间动态平衡的思考。

第二，教师可以在小组讨论中采用启发性问题的方式，引导学生思考文化现象背后的原因和影响。这有助于培养学生的批判性思维，使他们能够更深入地剖析文化现象，而不仅仅停留在表面认知。在小组讨论的过程中，教师扮演着引导者和促进者的角色。通过及时介入、激发思考、整合不同观点等手段，教师能够引导学生从多个角度审视跨文化主题，使讨论更加丰富和深刻。

第三，为了确保小组讨论的有效性，可以在课程设计中设立评价机制，对学生的讨论贡献、团队合作能力等方面进行综合评估。这有助于激发学生的积极性，使他们更认真地参与讨论，从而达到更好地学习效果。

2. 角色扮演的实际运用

引入角色扮演作为一种教学方法，为学生提供了实际体验跨文化交际的机会。通过为学生分配特定的角色和情境，教师可以在模拟的文化情境中引导学生运用所学知识进行跨文化交际。这种实践性学习的方法不仅激发学生的学习兴趣，还能够培养其在真实情境中灵活运用跨文化交际技能的能力。

首先，在进行角色扮演时，需要选择与跨文化交际相关的具体情境，如商务会谈、社交场合、旅游服务等，以确保学生在模拟中能够直面真实的文化差异。例如，通过模拟国际商务谈判，学生能够体验到不同文化中商务礼仪、谈判风格等方面的差异，从而更好地理解和应对跨文化商务场景。

其次，角色扮演的设计应充分考虑学生的语言水平和文化背景，确保他们在模拟中能够发挥自己的特长和运用所学语言知识。这有助于提高学生的参与度，使其更主动地投入到跨文化交际的实践中。

再次，在实际运用中，教师可以通过设定特定任务、提供角色扮演指南等方式，引导学生更深入地思考文化差异对沟通和交往的影响。同时，及时地反馈和讨论也是角色扮演实践中不可或缺的环节，通过分析角色扮演过程中的挑战和收获，帮助学生更好地理解和应对跨文化交际中的问题。

最后，教学设计还可以考虑将角色扮演与其他教学方法相结合，形成更为综合的跨文化教学体系。例如，将角色扮演与小组讨论、案例分析等相结合，使学生从多个角度深入思考文化差异，提升他们的综合跨文化交际能力。

（二）虚拟交流平台

1.国际合作项目的设计

虚拟交流平台在推动跨文化交际方面具有重要的作用。为促进学生更深入地了解不同文化，设计国际合作项目是一种创新的教学手段。通过这种项目，学生有机会在虚拟平台上与来自其他国家的学生进行实时交流，打破地域限制，使跨文化交际更为直接而丰富。

在国际合作项目的设计中，首要考虑的是明确项目的目标和任务。项目目标可以包括增进学生对不同文化的理解、提高跨文化合作能力等。任务设置应旨在激发学生的兴趣，促使他们在合作中深入研究跨文化交际中的具体问题。

一种有效的方式是在项目中设置合作任务，以共同解决跨文化交际中的问题。这可以通过分组合作、共同研究案例等方式实现。例如，可以让学生分组探讨在跨文化交际中可能出现的沟通障碍，并提出解决方案。这样的任务有助于培养学生的合作与交际技能，使他们更好地应对实际跨文化情境。

在项目的执行中，虚拟交流平台的选择至关重要。确保平台支持多样化的交流形式，包括文字、语音、视频等，以满足不同学生的交流需求。同时，平台应具备安全性和隐私保护机制，以确保学生在交流中的信息安全。

此外，项目的设计还可以结合课程内容，使其更具针对性。例如，将项目与特定文化背景、社会问题或专业领域结合，使学生在合作中能够更深入地了解特定文化或领域的跨文化交际挑战。

最后，定期的项目评估和反馈是确保项目顺利进行的关键。通过评估学生在项目中的表现，教师可以了解学生的学习进展，同时及时纠正可能出现的问题，提供有针对性地指导。

2. 在线交流的引导

为促进学生更深入地了解其他文化，引导学生使用在线交流工具成为跨文化教学的重要组成部分。社交媒体和视频会议等在线工具为学生提供了虚拟跨文化交流的场景，使他们能够在数字化环境下更加直接地体验和了解其他文化，同时培养跨文化沟通技能。

首先，通过引导学生使用社交媒体平台，教师可以搭建一个开放的虚拟社区，让学生与来自不同文化背景的人进行交流。这种形式的在线交流使学生能够实时分享自己的观点、经验和文化背景，促进跨文化理解。教师可以引导学生参与文化话题的讨论，通过评论和回复等方式建立虚拟社交网络。

其次，利用视频会议工具，教师可以组织虚拟文化交流活动。通过安排学生在视频会议中展示自己的文化元素、传统习俗或特色食物等，学生能够在实时的互动中感知和学习其他文化。这种形式不仅提高了学生的跨文化敏感性，还增强了他们在数字环境下的语言表达和沟通技能。

最后，在引导学生进行在线交流时，教师应重点培养学生的跨文化沟通技能。这包括尊重对方文化、有效表达自己观点、妥善处理文化差异等方面的能力。通过定期的讨论和反思，学生能够逐渐提升在虚拟跨文化交流中的表达和理解水平。

三、多元评价机制的建立

（一）过程性评价

1. 实时观察与反馈

过程性评价的关键在于实时观察学生在跨文化交际实践中的表现，并及时提供有效地反馈。这种评价方式不仅关注学生的语言运用，更注重他们在实际交际过程中展现的文化敏感性和合作技能。通过这一方法，教师能够深入了解学生的跨文化交际能力，有针对性地指导他们的学习，促进实际效果的提升。

一是，教师可以通过观察学生在团队合作中的互动，了解他们在跨文化环境下的合作表现。团队活动是一个模拟真实文化情境的有效手段，学生需要在协作中克服文化差异，实现共同目标。教师在观察过程中可以关注学生的领导力、沟通技能以及对团队成员不同文化背景的理解程度。

二是，文化活动也是实时观察的重要场景。例如，学生参与模拟文化交流、座谈会等活动，教师可以在活动中观察学生的文化适应能力和跨文化沟通效果。通过参与实际文化活动，学生能够更深入地体验不同文化的特点，而教师则能够从中捕捉到学生在真实情境中的表现。

三是，关键的一步是及时提供反馈。通过直接面对面的交流或在线平台，教师可以向学生详细解释他们在实践中的表现，并提出具体的建议。这种实时的、个性化的反馈能够帮助学生更清晰地认识到自己的优势和改进的空间，从而更有针对性地调整学习策略。

2.学生自我评价与反思

过程性评价的一项重要组成是鼓励学生进行自我评价与反思。通过在跨文化交际项目的不同阶段设立自我评价的机会，学生得以深入分析自身在文化认知、团队协作等方面的发展。这种自我评价与反思的过程不仅有助于学生更深刻地理解自己的跨文化学习历程，也使他们能够有针对性地调整学习策略。

首先，在项目开始阶段，学生可以被引导完成一份自我评价，明确他们在跨文化交际方面的目标与期望。这有助于建立学生对自身发展的认知框架，并为后续的反思提供基础。学生可以考虑自己对多元文化的理解程度、对团队合作的期待等方面，从而为项目的顺利进行设定基准。

其次，在项目中期，提供学生一个机会进行中期自我评价，重点关注他们在实际实践中的表现。学生可以回顾已经完成的任务，分析自己在团队中的协作方式，以及在跨文化交际中遇到的挑战和收获。这种反思过程可以帮助学生更有针对性地调整学习策略，应对项目中的具体问题。

最后，在项目结束时，学生进行终期自我评价，总结整个学习过程。他们可以回顾自己的成长、对文化多样性的认知变化、在团队中的角色演变等方面。这种全面的自我评价可以成为学生未来跨文化学习的基础，帮助他们更好地理解自身的发展轨迹。

（二）多样化评价工具

1. 学科项目的评估

为了更全面地评价学生的跨文化交际能力，除了传统的考试形式，引入学科项目作为评价工具是一种有效的策略。通过设计跨文化研究项目，学生有机会在团队中深入挖掘不同文化背景下的某一方面，并以报告或展示的形式呈现他们的研究成果。这样的项目既能考查学生的研究能力，也能评估他们对跨文化问题的深刻理解。

首先，项目的设计可以围绕特定的跨文化主题展开，例如文化差异对商务谈判的影响、不同国家的教育体系比较等。这有助于确保学生的研究聚焦于实际问题，具有一定的实用性和学术深度。

其次，学科项目的评估可以分为不同阶段，包括课题选择、文献综述、研究设计、数据收集与分析、报告或展示等。通过每个阶段的评估，教师可以及时发现学生在研究过程中可能遇到的问题，并提供指导和反馈，促使其进行适当的调整。

再次，在团队合作的过程中，学生需要协调合作、分享资源、共同解决问题，这有助于培养他们的团队协作能力。同时，项目的展示阶段可以锻炼学生的表达能力和沟通技巧，这是跨文化交际中非常重要的一项技能。

最后，学科项目的评估可以结合同行评价和自评，使学生更全面地理解自己在团队中的作用和个人成长。这种综合性的评价方式有助于激发学生对跨文化研究的兴趣，提高其对全球文化多样性的认知水平。

2. 文化展示与口语表达

为了实现对学生跨文化交际能力的多元化评价，可以采用文化展示和口语表达的方式。这两种评价方式不仅能够展现学生对文化的理解，还能够考察其在真实语境中的语言运用和文化敏感度。这样的评价工具更贴近实际跨文化交际的需求，使评估更为全面和具体。

首先，通过文化展示，学生有机会分享自己对某一文化的独特见解。这可以包括展示特定文化的传统、风俗习惯、艺术表达形式等方面。学生可以通过图片、视频、手工制品等多种方式展示其对文化的深入理解，从而让同学更全面地了解不同文化的特点。

其次，口语表达的评估可以在实际语境中进行，考查学生的语言表达能力

和文化敏感度。例如，可以设计角色扮演活动，让学生在模拟的文化情境中运用所学知识进行交际。这有助于评估学生在真实交际中的跨文化表达能力，包括语言选择、社交礼仪等方面。

最后，在评价过程中，可以设定清晰的评分标准，包括语言的准确性、表达的流利度、文化信息的丰富度等方面。同时，可以结合同行评价和自评，使学生更好地认识自己在跨文化交际中的表现，并有针对性地进行改进。

通过这样的评价方式，不仅可以考查学生的语言水平，还能够全面了解其对文化的敏感度和理解深度。这种实际操作的评估方法有助于培养学生在真实文化交际场景中的应对能力，提高其跨文化交际的实际效果。

四、提供丰富的跨文化素材

（一）在线资源整合

1.多媒体教材的选取

在线资源整合在跨文化教学中扮演着至关重要的角色，而其中多媒体教材的选取更是一项关键工作。在选择这些教材时,应当着重考虑其代表性和全面性，以便为学生提供丰富而多元的文化视角。多媒体教材的主要选择原则包括语言、风俗、宗教等方面的文化差异案例。

首先，多媒体教材的代表性至关重要。通过选择具有代表性的案例，学生能够更深入地理解和感受不同文化的独特之处。例如，可以选取具有代表性的文学作品、电影片段或音乐作品，以展示不同文化在创作中的独特风采。这样的案例能够为学生提供更直观的文化印象，促使他们对跨文化交际产生浓厚的兴趣。

其次，多媒体教材的全面性同样至关重要。应从不同维度挑选案例，包括语言、风俗、宗教等多个方面。这有助于学生全面了解不同文化的方方面面，形成更为完整的文化认知。例如，可以通过引入关于语言方言差异、节庆习俗、宗教仪式等多样化的案例，使学生更全面地理解不同文化的独特魅力。

通过精心挑选多媒体教材，教师能够在跨文化教学中为学生打开一扇通向世界的窗户。这样的教学方式旨在通过生动的案例展示，让学生在学习语言的同时更深入地了解和尊重多元文化。

2. 网络文章的引导

在跨文化教学中，整合网络文章是一项重要而有效的教学手段。教师在引导学生深入阅读和分析网络文章时，有助于拓展学生对不同文化的认知。这些文章的选择范围应涵盖当代社会、历史背景、文学作品等多个方面，以便学生更全面地理解不同文化的演变过程。

首先，网络文章的引导需要着眼于培养学生的深度阅读和分析能力。通过选择富有深度和思考价值的文章，教师可以引导学生挖掘文化现象背后的深层次内涵。这有助于培养学生对文化的深刻理解，远离肤浅的文化刻板印象。

其次，网络文章的选择应涵盖多个方面，包括当代社会、历史演变、文学传承等。通过引导学生阅读关于当代社会变革、历史文化发展、重要文学作品的文章，学生能够在更广泛的语境中理解文化的多样性和复杂性。这样的综合性学习有助于形成更为全面的文化认知。

最后，透过文字，学生不仅能够获取文化的具体信息，还能够感知文化的底蕴。教师在引导学生阅读网络文章时，可以启发学生深入思考，提出问题引导讨论，培养学生对文化的敏感性。这样的教学方式旨在通过网络文章的文字表达，让学生更深入地了解和尊重多元文化，同时促进他们在跨文化交际中更为灵活和包容的能力的培养。

3. 短视频的运用

短视频作为一种富有生动性和直观性的媒介，在跨文化教学中具有独特的教育价值。通过引入短视频素材，教师能够在短时间内向学生传递丰富的文化信息，从而加深学生对文化多样性的理解。这样的教学手段不仅使学习过程更为生动有趣，还能够激发学生的学习兴趣，提高他们的学习动机。

一方面，短视频可以通过展示真实的生活场景，让学生亲身感受不同文化之间的差异。学生可以通过观察视频中的日常活动、社交场合、传统习俗等，更全面地了解不同文化的生活方式和价值观念。这有助于打破学生对陌生文化的刻板印象，使他们更为开放地面对文化差异。

另一方面，短视频的引入可以创造出轻松活泼的学习氛围。相较于传统的教学材料，短视频更具娱乐性和吸引力，能够吸引学生的注意力，使他们更主动地参与学习过程。通过设计相关问题、展开讨论，教师可以引导学生在观看短视频的过程中深入思考文化差异，并促使他们在课堂上展开有益的交流。

（二）虚拟实境体验

1. 虚拟文化之旅的设计

引入虚拟现实技术，设计虚拟文化之旅，是一种创新的教学手段，可以使学生身临其境地体验和感知不同文化。通过虚拟现实眼镜或在线平台，学生可以在虚拟环境中进行互动，仿佛置身于其他文化的实际场景中，从而更全面地理解和融入不同文化的背景。

首先，虚拟文化之旅的设计可以涵盖多个方面，包括文化景观、社会习俗、传统庆典等。学生可以通过虚拟现实技术参观不同文化地区的标志性建筑，漫游在异国风情的街头巷尾，感受当地居民的日常生活。这样的体验不仅能够激发学生的好奇心，还可以帮助他们更直观地了解文化的多样性。

其次，虚拟文化之旅的设计应注重互动性。通过虚拟平台，学生可以与虚拟环境中的人物互动，了解当地的社交礼仪、日常交往方式等。这种互动体验有助于提高学生的跨文化交际技能，培养他们在真实文化环境中的应对能力。

最后，虚拟文化之旅的设计还可以结合在线讨论和反思环节。在虚拟体验结束后，通过在线平台或课堂讨论，学生可以分享他们的感受、观察和体验，进行文化对比和深入地交流。这种交流有助于加深学生对文化的理解，促使他们在交流中不断反思和学习。

2. 在线文化交流活动

设计在线文化交流活动是一项促使学生跨足文化、实时互动的实践性教学策略。通过这种活动，学生得以与来自其他国家的学生进行直接的、实时的交流，从而在语言运用的同时深化对不同文化的理解，培养跨文化交际技能。这种直接的跨文化互动不仅为学生提供了实践机会，也激发了他们更积极地面对和参与不同文化的交流挑战。

第一，在线文化交流活动的设计应注重互动性。通过实时的在线平台，学生能够与其他国家的学生展开面对面地交流。这种实时性的互动促使学生更主动地运用语言，通过对话、讨论等形式更好地理解和尊重对方的文化。这样的互动不仅提高了语言表达能力，还深化了学生对多元文化的认知。

第二，在线文化交流活动要求学生积极参与，分享自己文化的特色。通过制定有趣而有深度的话题，激发学生表达自己文化背景、价值观念等方面的兴趣。这种分享能够促使学生更全面地了解不同文化的特点，拓宽他们的国际视野。

第三，设计在线文化交流活动需要结合课程目标和学科特点。活动内容可以涵盖文学、历史、社会、传媒等多个领域，以拓展学生对文化的全面认知。同时，通过这些实践性的活动，学生能够更好地理解课程中的理论知识，使之更具体、更实用。

参考文献

[1] 姜英敏.国际理解教育≠对外国、外国文化的了解 [J].人民教育,2016（21）：62-65.

[2] 教育部等八部门出台意见加快和扩大新时代教育对外开放 [J].中国农村教育,2020（19）：5.

[3] 李婧云.大学英语教学中跨文化交际意识培养的策略研究 [J].海外英语,2016（05）：34-35.

[4] 杨胜刚.高职英语教学中培养学生跨文化交际意识策略 [J].戏剧之家,2016（09）：234-235.

[5] 李晓超.网络资源平台下高校英语翻转教学研究——以茶文化英语教材为例 [J].福建茶叶,2022,44（01）：114-116.

[6] 李政,黄莹.翻转课堂在中国文化英语课程中的应用 [J].海外英语,2019（11）：275-276.

[7] 马海燕,岳欣,刘冰.翻转课堂在高校英语拓展课的应用研究——以"中国文化英语"拓展课程为例 [J].职业技术,2020（07）：38-42.

[8] 赵君萍.基于 SPOC 的翻转课堂教学模式在高校茶文化英语教学中的运用 [J].福建茶叶,2019（03）：288-288.

[9] 邓炼.翻转课堂在高校中国文化英语教学中的运用 [J].湖南工业职业技术学院学报,2017（03）：72-75.

[10] 汪倩.翻转课堂在高校中国文化英语教学中的运用研究 [J].大众文艺,2018（15）：182-182.

[11] 谢李灿."翻转课堂"理念下的汉语国际教育专业中国文化英语课堂教学改革思考——以"对外汉语教学英语能力拓展"课程为例 [J].校园英语,2020（19）：19-20.

[12] 鲍雪莹,赵宇翔.游戏化学习的研究进展及展望 [J].电化教育研究,

2015，36（8）：45-52.

[13] 卢强 . 翻转课堂的冷思考：实证与反思 [J]. 电化教育研究，2013（8）：91-97.

[14] 孙彦彬 . 游戏化翻转课堂教学模式的构建与实证研究——以"大学英语读写译"课程为例 [J]. 现代教育技术，2016，26（11）：80-86.

[15] 臧瑞婷 . 基于"一带一路"倡议下陕西省高校外语教师专业发展现状及改进措施 [J]. 陕西教育（高教），2021（6）：49-50.

[16] 车乒 . 跨文化交际能力培养中的师资队伍建设研究 [J]. 经济研究导刊，2017（10）：157-158.

[17] 林翔 . 文化自信视域下高校英语跨文化教学策略研究 [J]. 广东轻工职业技术学院学报，2022，21（4）50-54.

[18] 张琳 . 新媒体时代高校英语教师队伍建设中的问题及对策研究 [J]. 教育教学论坛，2017（26）：17-18.

[19] 吴海霞 . 南疆地区高校英语师资队伍建设中存在的问题、成因及对策 [J]. 和田师范专科学校学报（汉文综合版），2022（3）：87-92.

[20] 马冷冷 . 跨文化传播视域下英语教师队伍建设研究 [J]. 海外英语，2023（14）：208-210.

附　录

附录一　学生跨文化学习需求问卷

亲爱的同学们，

感谢您参与我们的问卷调查！通过这份问卷，我们希望更深入地了解您在英语学习和跨文化学习方面的需求，以便我们更好地设计适合您的游戏化跨文化教学方案。请您如实回答以下问题，您的意见对我们非常重要。

1.您对英语学习的主要兴趣是什么？（比如：口语、听力、阅读、写作）

_____

_____

2.您是否有特定的英语学习目标？请具体描述。

_____

_____

3.对于跨文化交际，您是否有浓厚的兴趣？有没有具体的国家或文化引起您的关注？

_____

_____

4.您在英语学习中遇到的主要困难是什么？

_____

_____

5.您对游戏化教学有何了解？是否有过相关经验？

_____

6. 您认为一个理想的跨文化教学游戏应该包含哪些元素？

_____

_____

7. 您愿意在课堂中参与哪种类型的跨文化游戏活动？（比如：角色扮演、文化问答竞赛等）

_____

_____

8. 您是否愿意参与小组讨论或个别面谈，分享更多关于您的学习需求和期望？

_____

_____

感谢您的参与，您的宝贵意见将有助于我们更好地设计游戏化跨文化教学方案！

附录二　学生个别面谈提纲

亲爱的同学，

感谢您愿意参与我们的个别面谈，通过这次面谈，我们希望更深入地了解您个体的学习需求和对游戏化跨文化教学的期望。请您放心，我们将严格保密您的回答，并仅用于教学方案的改进。以下是一些问题，希望您能够详细回答，您的意见对我们非常重要。

1. 您个人对英语学习的最大兴趣是什么？

_____

_____

2. 在跨文化学习方面，您是否有特别感兴趣的国家或文化？为什么？

_____

_____

3. 您认为英语学习中最大的挑战是什么?

_____

_____

4. 是否曾经参与过游戏化教学或其他创新型教学活动? 有什么感受?

_____

5. 您希望通过游戏化跨文化教学达到怎样的语言水平和文化认知水平?

_____

6. 对于课堂中的游戏化元素,您更喜欢哪一种形式? (比如:角色扮演、竞赛、合作游戏等)

_____

7. 是否有任何关于跨文化学习的经验或想法,您认为这些经验对您的英语学习有何帮助?

_____

_____

8. 您是否愿意分享您对游戏化跨文化教学的期望和建议?

_____

_____

感谢您的配合,您的意见将对我们设计更符合学生需求的教学方案起到关键作用。